KIMONOS

DAS IT-PIECE ZUM SELBERNÄHEN

CV

Kimonos: Vielfältige Hingucker selbernähen

Von den Straßen großer Metropolen sind sie nicht mehr wegzudenken – coole Kimonos!
Sie sind das neue IT-Piece der Modewelt. Und das hat gute Gründe: Denn der japanische Mantel ist ein Allrounder mit zahlreichen Style-Möglichkeiten.

Ob als Cardigan, Mantel, Shirt, Jumpsuit oder Kleid, wie variabel der Kimono genäht und getragen werden kann, zeigt dieses Buch. Durch die Verwendung unterschiedlicher Stoffqualitäten- und Muster lassen sich Kimonos für diverse Gelegenheiten nähen: So entsteht aus einem luftig-transparenten Stoff ein wunderbarer Strand-Begleiter, ein Jaquard-Stoff mit angesagtem Ethno-Muster wird zu einem perfekten, gemütlichen Herbst-Mantel. Und ein sommerlicher Leinen-Stoff verwandelt sich in ein lässiges Sommerkleid.
Der Kreativität sind hier keine Grenzen gesetzt!

Da der Kimono in seiner Konzeption von Haus aus sehr unkompliziert daherkommt, sind die meisten Schnitte in diesem Buch auch für Näh-Anfänger geeignet. Und damit auch das Styling des neues Lieblings-Teils gelingt, zeigt der Style-Guide wie Kimonos zu unterschiedlichen Anlässen kombiniert werden können.
Ganz nach dem Motto: In der Mode ist alles erlaubt!

Viel Spaß beim Nähen!

Inhalt

Schwierigkeitsgrade:

✂ = einfach
✂✂ = mittel
✂✂✂ = anspruchsvoll

Verarbeitungshinweise

GRUNDAUSSTATTUNG

Folgende Dinge werden generell benötigt und sind in den Anleitungen nicht noch einmal gesondert aufgeführt:

- Nähmaschine
- Maßband und Lineal
- Schnittmusterpapier und Stift/Kopierrädchen
- Schneiderkreide, Markierstifte
- Schneiderschere und kleine Handarbeitsschere
- Steck-, Näh- und Sicherheitsnadeln
- Bügeleisen und Bügeltuch
- Wende-Set für Stoffschläuche, z. B. von Prym

Die Kimonos sind aus einem klassischen Kimono Grundschnitt entwickelt worden. Für folgende Varianten gibt es extra Schnittteile: Modell 14 → Schalkragen; Modelle 7 und 12 → extra Blende; Modell 11 → Slip; Modell 4 → Hose; Modell 15 → extra Vorderteil, das für einen „fortgeschrittenen" Bauch gedacht ist.

SO NEHMEN SIE MASS

Um die richtige Größe für Ihr Modell zu ermitteln, ist genaues Maßnehmen erforderlich.
Vergleichen Sie Ihre Maße mit den Angaben in der Maßtabelle und mogeln sie nicht, denn die richtige Größe ist wichtig, um späteres Abändern zu vermeiden.
Messen Sie NICHT den Schnitt aus, denn dieser enthält bereits die erforderlichen Weiten-Zugaben. Die Schnitte beinhalten **keine** Nahtzugabe!

1 **Oberweite:** über der stärksten Stelle der Brust
2 **Taillenweite:** glatt um die Taille
3 **Hüftweite:** über die stärkste Stelle am Po
4 **Brusttiefe:** von der höchsten Stelle der Schulter am Halsansatz bis zur Brustspitze
5 **Vordere Taillenlänge:** von der höchsten Stelle der Schulter, über den Brustpunkt zur Taille
6 **Rückenlänge:** vom unteren Halswirbel bis zur Taille
7 **Schulterbreite:** vom Halsansatz bis Anfang Armkugel
8 **Halsweite:** am Halsansatz einmal herum messen
9 **Ärmellänge:** von Armkugel, über den Ellenbogen zum Handgelenk (Handansatz)
10 **Oberarmweite:** über die stärkste Stelle des Oberarms
11 **Körpergröße:** vom Scheitel bis zur Sohle
12 **Rocklänge:** ab Taille bis zur gewünschten Länge
13 **Kimonolänge:** ab Halswirbel bis zur gewünschten Länge

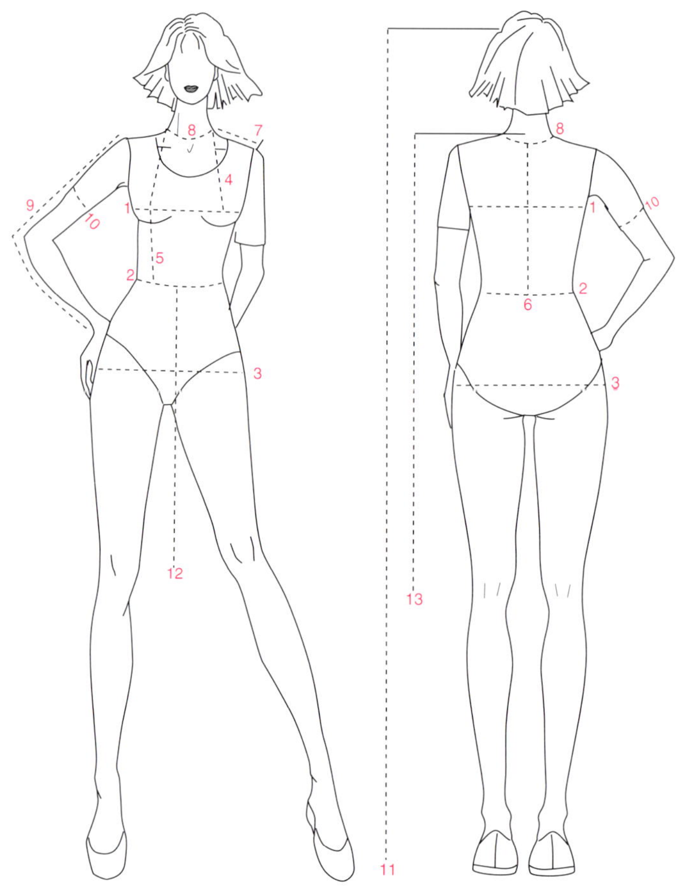

MASSTABELLE Damen-Körpergröße 168 cm

Größe	S 34/36	M 36/40	L 42/44	XL 46/48
Oberweite	84,0	92,0	100,0	110,0
Taillenweite	66,0	74,0	82,0	92,0
Hüftweite	90,0	98,0	106,0	116,0
Brusttiefe	26,0	28,0	30,0	50,5
Vord. Taillenlänge	43,5	45,5	47,5	49,5
Rückenlänge	40,5	41,5	42,5	43,5
Schulterbreite	12,0	13,0	13,5	14,0
Halsweite	35,0	37,0	39,0	41,0
Ärmellänge	60,0	60,0	61,0	61,0
Oberarmweite	27,0	29,0	31,0	34,0

Alle Angaben in cm

Vergleichen Sie Ihre Maße mit den Maßen aus der Tabelle. Dann wählen Sie die Größe, die Ihren Maßen am nächsten kommt. Nehmen Sie dafür immer das größere Maß, denn verkleinern und enger machen geht einfacher als erweitern!
Messen Sie NICHT die Schnittteile aus, denn unsere Schnittmuster enthalten immer zusätzlich noch die Bequemlichkeitsweiten für das entsprechende Kleidungsstück.
Es ist durchaus möglich, dass Ihre gewohnte Konfektionsgröße nicht mit der aus unserer Tabelle übereinstimmt. Das liegt daran, dass Konfektionäre mit unterschiedlichen Weitenzugaben arbeiten.
Also kann manchmal eine Größe 38 gut passen und bei einem anderen Hersteller brauchen Sie vielleicht die Größe 40 oder 42. Deshalb verlassen Sie sich nicht auf Ihre Konfektionsgröße, sondern gehen Sie nur nach der Maßtabelle.

SO FINDEN SIE IHR MODELL AUF DEM SCHNITTBOGEN

Bei der Modellanleitung finden Sie folgende Angaben: Bogenbezeichnung A, B, C oder D, die Schnittteilnummer und die Konturlinien für Ihre Größe.
Die Schnittbögen weisen am oberen und unteren Rand die Schnittteilnummer in den Farben schwarz oder rot auf. Gehen Sie von diesen Nummern mit dem Zeigefinger senkrecht nach unten bzw. oben, bis Sie auf die gleiche fettgedruckte Schnittteilnummer stoßen.
Wählen Sie Ihre Konturlinie anhand der ermittelten Größe aus und kopieren Sie das entsprechende Schnittteil.

SO KOPIEREN SIE DEN SCHNITT VOM SCHNITTBOGEN

Schnittkonturen der Teile, die Sie vom Bogen abnehmen, können mit einem Stift (Filzstift) markiert werden. Nun können Sie den Schnitt durchpausen oder herauskopieren. Zum Durchpausen benötigen Sie Seidenpapier. Dies legen Sie **auf** den Schnittbogen und zeichnen die von Ihnen markierten Teile ab. Beim Durchradeln (mit dem Kopierrädchen) legen Sie Papier **unter** den Schnittbogen und radeln Außenkonturen und markierte Linien durch. Arbeiten Sie hier sehr sorgfältig, damit Sie exakte Schnittteile erhalten.

ABKÜRZUNGEN

vord. = vordere/-s/-en; rückw. = rückwärtige/-s/-en; Gr. = Größe; angeschn. = angeschnittener

SO SCHNEIDEN SIE ZU

Die gezeigten Zuschneidepläne beziehen sich auf den Originalstoff. Sollten Sie abweichend davon Stoff mit einer anderen Stoffbreite wählen, verändert sich natürlich Stoffverbrauch und Zuschnitt. Die Stoffmengen und andere Angaben für die Gr. S/ M/ L/ XL stehen in Reihenfolge hintereinander. Steht nur eine Angabe, gilt diese für alle Größen!
Die Teile sind in doppelter Stofflage zugeschnitten. Das heißt, die rechte Stoffseite liegt innen. Falls der Stoff offen zugeschnitten wird, ist es am Zuschneideplan zu erkennen. Schnittteile, die mit a/ b/ c usw. bezeichnet sind, werden vermaßt angegeben.
Alle nummerierten Schnittteile plus Naht- und Saumzugabe zuschneiden!

Tipp: Um sicherzugehen, dass Ihr Modell bei der ersten Wäsche nicht einläuft, empfehlen wir sämtliche Stoffe vor dem Zuschnitt zu waschen! Den Stoff trocknen lassen und dann sorgfältig glatt bügeln.

SO NÄHEN SIE

Die Nähanleitung gibt die Arbeitsschritte an, die Sie nacheinander ausführen.

Achtung Wildkatze!

Modell 1 Klassischer Kimono mit Blende

Größe S/ M/ L/ XL | **Schwierigkeitsgrad** ✂ | **Kimonolänge** 117 – 120 cm

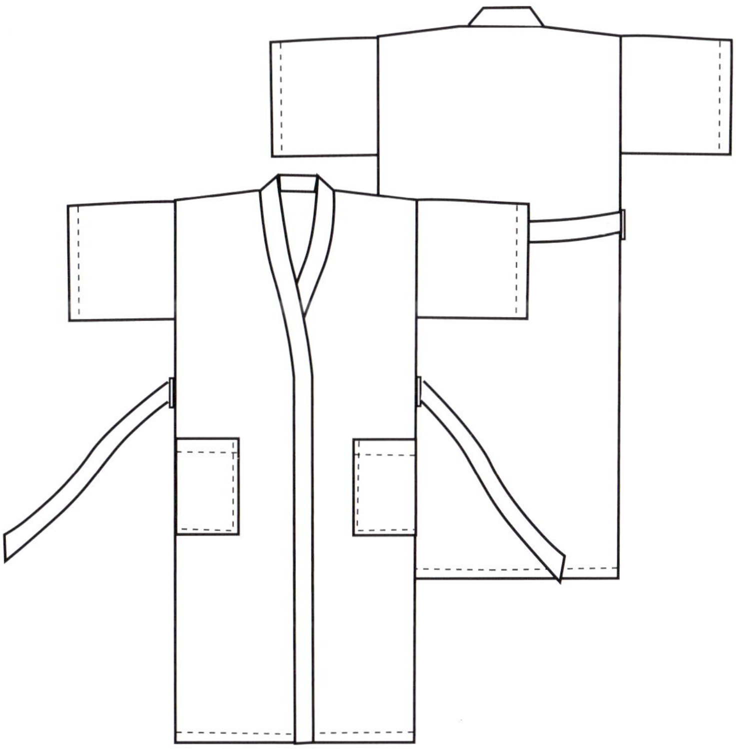

MATERIAL

- Polyesterstoff (148 cm breit), 2,40/ 2,50/ 2,60/ 2,65 m

Schnittteile 1 + 1a, 2 + 2a, 3 + 5 auf Bogen A in Schwarz

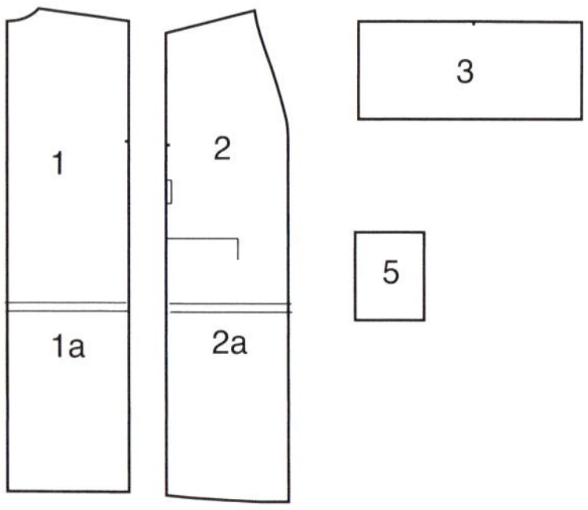

Größe: **S** ....

Größe: **M** ++++++++++++++++++++

Größe: **L** ====================

Größe: **XL** ———————————

Schnittvorbereitung

Die Schnittteile **1 + 1a**, sowie **2 + 2a** an den entsprechenden Zusammensetzlinien aneinanderkleben.

Zuschnitt

- **1** Rückenteil = 1 x Stoff
- **2** Vorderteil = 2 x Stoff
- **3** Ärmel = 2 x Stoff
- **5** Tasche = 2 x Stoff
- **a** Blende = 2 x Stoff, 132/ 133,5/ 135/ 136,5 cm lang, 8 cm breit (4 cm fertig)
- **b** Gürtelstreifen = 2 x Stoff, 85 cm lang, 8 cm breit (4 cm fertig)
- **c** Gürtelschlaufen = 1 x Stoff, 18 cm lang, 1 cm breit

Die Teile mit 1 cm Nahtzugabe zuschneiden. Säume mit 3 cm Zugabe zuschneiden. Für den Besatz an der oberen Taschenkante 4 cm zugeben.

Zuschneidepläne

Gr. S + M

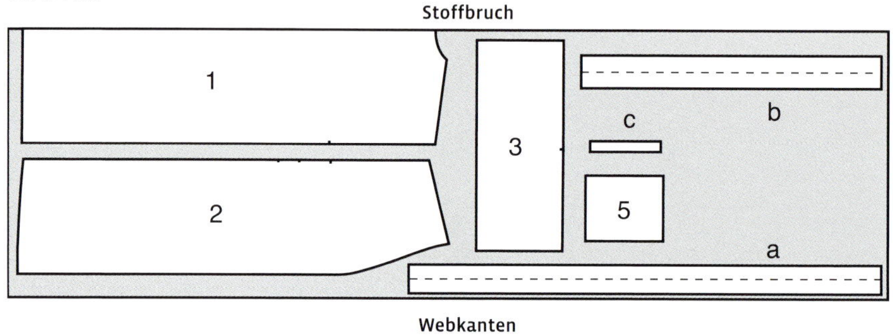

Gr. L + XL

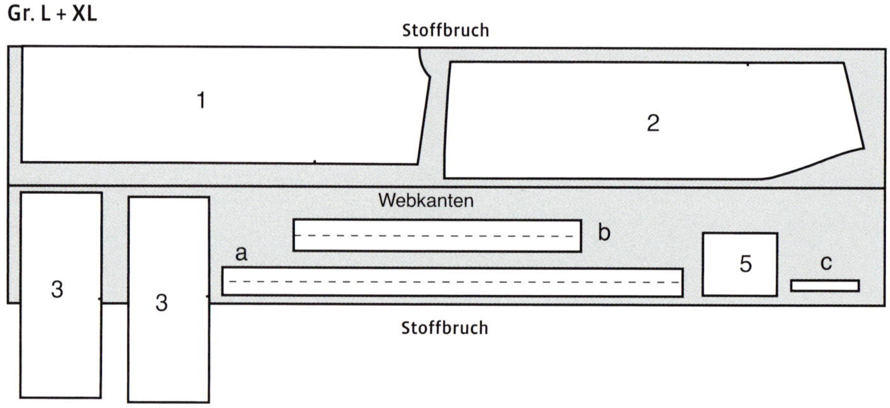

SO GEHT'S

1 **Taschen:** Die angeschnittenen Taschenbesätze nach innen bügeln und die Schnittkante 1 cm einbügeln. Taschenbesatz ansteppen. Die untere Taschenkante sowie an einer Tasche die rechte und an der anderen Tasche die linke Längskante 1 cm nach innen bügeln und die Taschen zeichengemäß auf die Vorderteile stecken. Taschen knappkantig aufsteppen. Am Tascheneingriff an der vorderen Ecke zur Nahtverstärkung ein kleines Dreieck in Nahtzugabenbreite steppen.

2 **Schulter- und Seitennähte:** Die Seitenkanten von Vorder- und Rückenteil versäubern. Vorder- und Rückenteil rechts auf rechts legen und die Schulternähte steppen. Nahtkanten zusammengefasst versäubern und nach hinten gerichtet bügeln. Teile rechts auf rechts legen und die Seitennähte bis zur Ärmeleinsatzmarkierung steppen, dabei die Taschen mitfassen. Nahtkanten auseinanderbügeln.

3 **Vordere Blende:** Von der rückwärtigen Mittelnaht aus, auf der Blende, die Halsweite abmessen Gr. S = 8,5 cm, Gr. M = 9 cm, Gr. L = 9,5 cm, Gr. XL = 10 cm und so die Schulterpunkte markieren. Die rückwärtige Blendennaht rechts auf rechts steppen. Nahtkanten auseinanderbügeln und den Blendenstreifen längskantig auf halbe Breite bügeln. Die Blende am Saum an der Bruchkante rechts auf rechts umschlagen und für den Saum die kurze Kante 3 cm breit steppen. Die Naht wenden und bügeln. Die Blende zusammengefasst an die vordere Kante des Kimonos stecken. Dabei die Schulterpunkte beachten. Blende ansteppen und die Nahtkanten zusammengefasst versäubern. Nahtzugaben zum Kimono gerichtet bügeln. Den Kimonosaum nach innen bügeln. An der Blende den Kimonosaum um die Nahtzugaben der Blende herumlegen und anstecken. Die Saumschnittkante 1 cm einschlagen und ansteppen.

4 **Ärmel:** Die Nahkanten der Ärmel versäubern. Ärmel jeweils an den Längskanten rechts auf rechts legen und die Ärmelnaht steppen. An der Ärmeleinsatznaht nicht bis zum Ende durchsteppen, sondern nur bis zur Nahtzugabe steppen und hier verriegeln. Nahtkanten auseinanderbügeln. Den Saum nach innen bügeln, Schnittkante 1 cm einschlagen und ansteppen. Die Ärmel zeichengemäß rechts auf rechts in die Armausschnitte stecken. Auch hier wieder nur bis zur Nahtzugabe steppen und die Nahtkanten auseinanderbügeln.

5 **Gürtel:** Die Gürtelstreifen rechts auf rechts zusammensetzen, Nahtkanten auseinanderbügeln und den Streifen längskantig auf halbe Breite rechts auf rechts legen. Die langen Kanten 1 cm breit steppen, dabei ein Stück der Naht (ca. 8-10 cm) zum Wenden offenlassen. An den kurzen Kanten 3 cm schräg abnähen. Die Ecken der Nahtzugaben schräg abschneiden und den Gürtel nach außen wenden. Das geht sehr gut mit dem Wende-Set von Prym. Die Ecken gut herausdrücken und den Gürtel sorgfältig glattbügeln. Die Wendeöffnung mit der Hand zunähen.

6 **Gürtelschlaufen:** Den Streifen **c** längskantig rechts auf rechts auf halbe Breite legen und 1 cm breit steppen. An einem Ende quersteppen. Die Nahtzu-gaben knapp verschneiden und den Streifen nach außen wenden. Auch hier wieder das Wendewerkzeug nehmen. Den Streifen glatt bügeln und in zwei 8 cm lange Streifen schneiden. Wie am Schnitt markiert, die Gürtelschlaufen, jeweils an den Enden 1 cm breit eingeschlagen, aufsteppen. Den Gürtel durchziehen.

Strand und Bar tauglich!

Modell 2 Kimonobluse mit Satinschleife

Größe S/ M/ L/ XL | **Schwierigkeitsgrad** ✂ | **Kimonolänge** 74 – 76,5 cm

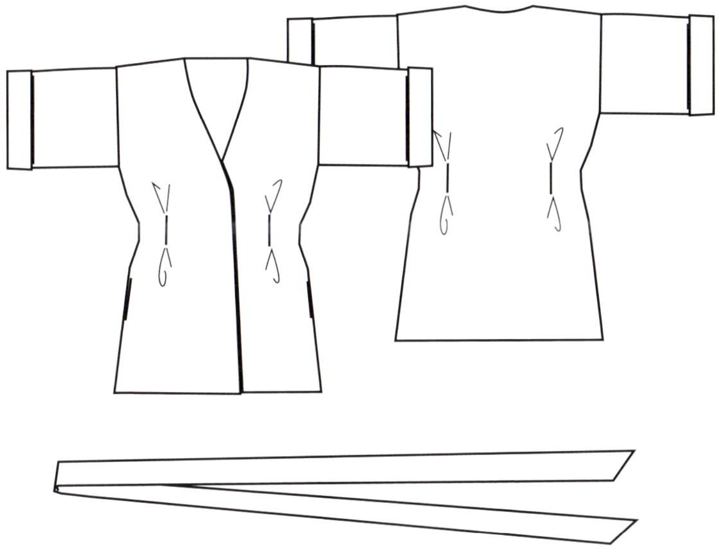

MATERIAL

- Polyesterstoff grün (150 cm breit), 1,50/ 1,60/ 1,70/ 1,85 m
- Viskose-Satin schwarz (140 cm breit), 0,25 m
- dünne aufbügelbare Einlage (90 cm breit), 0,80-1,00 m
- 1 Plastik-Druckknopf zum Annähen

Schnittteile 1 - 4 auf Bogen C in Schwarz

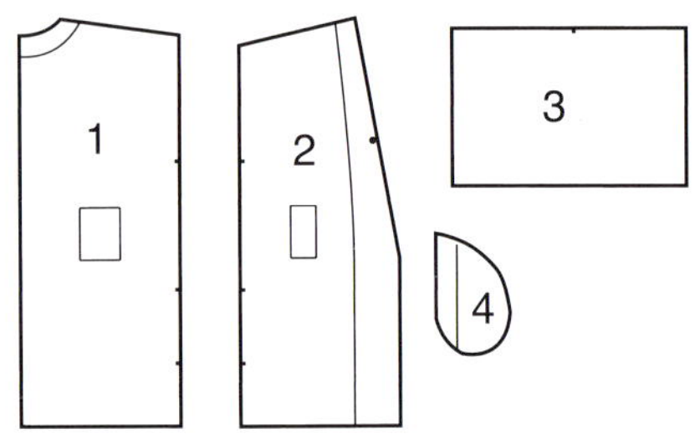

Größe: **S**

Größe: **M**

Größe: **L**

Größe: **XL**

Schnittvorbereitung

Die Besätze von Vorder- und Rückenteil auf die entsprechenden Größen übertragen und kopieren.

Zuschnitt

- **1** Rückenteil = 1 x Stoff
- **1** rückw. Besatz = 1 x Stoff, 1 x Einlage
- **2** Vorderteil = 2 x Stoff
- **2** vord. Besatz = 2 x Stoff, 2 x Einlage
- **3** Ärmel = 2 x Stoff
- **4** Taschenbeutel = 4 x Stoff
- **a** Bindegürtel = 1 x Stoff, 74/ 76/ 78/ 80 cm lang, 9 cm breit (4,5 cm fertig)
- **b** Bindegürtel = 1 x Stoff, 110/ 112/ 114/ 116 cm lang, 9 cm breit (4,5 cm fertig)

Die Teile mit 1 cm Nahtzugabe zuschneiden. Säume und Ärmelsäume mit 4 cm Zugabe zuschneiden.

Zuschneidepläne

Stoff grün Gr. S - L

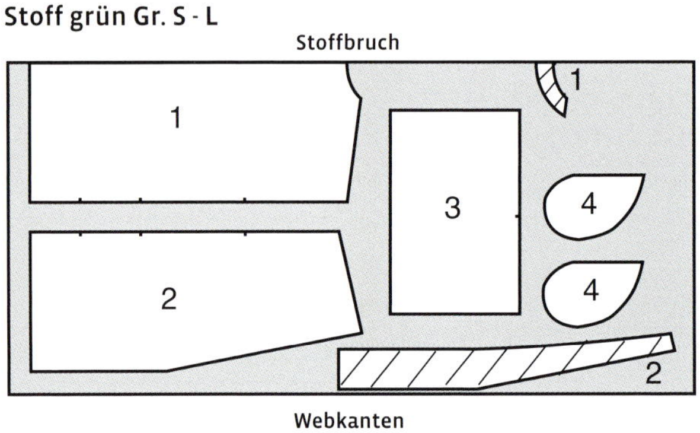

Satin schwarz Gr. S - XL

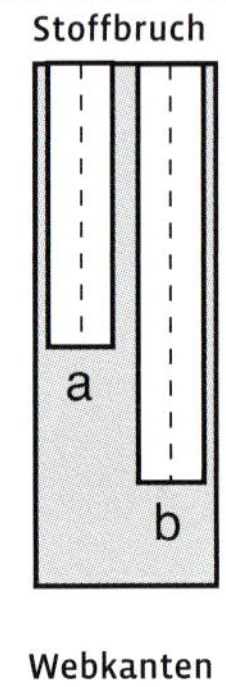

Stoff grün Gr. XL

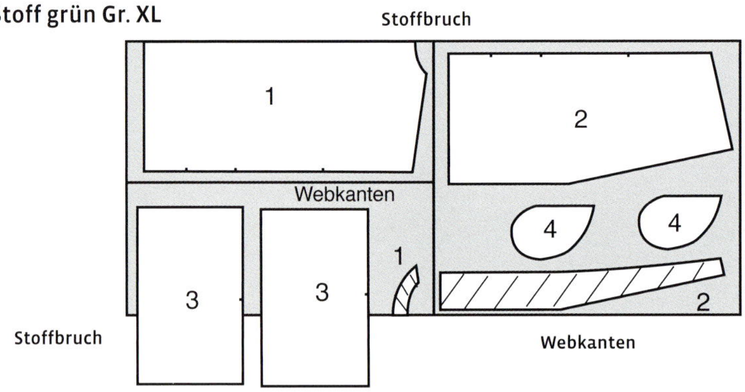

SO GEHT'S

1 **Schulter- und Seitennähte:** Die Nahtkanten von Vorder- und Rückenteilen versäubern. Vorder- und Rückenteil aufeinanderlegen und die Schulternähte steppen. Seitennähte nur bis zur Ärmeleinsatzmarkierung steppen und für die Tascheneingriffe, wie im Schnitt markiert, Schlitze offenlassen. Nahtkanten auseinanderbügeln.

2 **Taschen:** Die Taschenbeutel jeweils an den Kanten versäubern. Einen Taschenbeutel – jeweils im Bereich des Tascheneingriffs – rechts auf rechts an das Rückenteil steppen und den anderen Taschenbeutel ebenso an das Vorderteil steppen. Den vorderen Taschenbeutel nach vorn gerichtet legen und die Eingriffskante flach bügeln. Die Beutelteile aufeinandersteppen und glatt bügeln.

3 **Vordere Kanten:** Die Besätze mit Einlage fixieren. Die Schulternähte der Besätze rechts auf rechts steppen und auseinanderbügeln. Innere Besatzkante versäubern. Besätze rechts auf rechts auf die Blusenkante stecken, dabei die Schulternähte aufeinandertreffen lassen. Vordere Kante und rückwärtigen Halsausschnitt steppen, Nahtkanten knapp verschneiden und auf dem Besatz, sämtliche Nahtzugaben liegen darunter, knappkantig steppen. Den Besatz nach innen legen und die Kante flach bügeln. Den Saum nach innen bügeln, den Besatz nach innen schlagen und mit der Hand annähen. Den Saum gleich mit annähen. Die im Schnitt eingezeichneten Falten am Vorder- und Rückenteil zeichengemäß einlegen und steppen. Falten jeweils zur Mitte bügeln.

4 Ärmel: Die Nahkanten der Ärmel versäubern. Ärmel jeweils an den Längskanten rechts auf rechts legen und die Nähte steppen. An der Ärmeleinsatznaht nicht ganz bis zum Ende durchsteppen, sondern nur bis zur Nahtzugabe steppen und hier verriegeln. Nahtkanten auseinanderbügeln. Die Ärmelsäume nach innen bügeln und ansteppen. Dann ca. 5 cm nach außen umschlagen und den Umschlag unsichtbar mit ein paar Handstichen festnähen. Die Ärmel zeichengemäß rechts auf rechts in die Armausschnitte stecken. Auch hier wieder nur bis zur Nahtzugabe steppen und die Nahtkanten auseinanderbügeln.

5 Verschluss: Das Druckknopf-Oberteil, wie im Schnitt eingezeichnet, mit der Hand annähen. Die Vorderteile 10 cm übereinanderlegen, die Position für das Druckknopf-Unterteil markieren und dieses annähen.

6 Bindeband: Die Streifen rechts auf rechts zusammensetzen, Nahtkanten auseinanderbügeln und den Streifen rechts auf rechts längskantig auf halbe Breite legen. Die lange Kante steppen, dabei ein Stück der Naht (ca. 8-10 cm) zum Wenden offen lassen. An den kurzen Kanten 4 cm schräg abnähen. Die Ecken der Nahtzugaben schräg abschneiden und den Gürtel nach außen wenden. Das geht sehr gut mit dem Wende-Set von Prym. Die Ecken gut herausdrücken und den Gürtel sorgfältig glatt bügeln. Die Wendeöffnung mit der Hand zunähen.

Glänzende Blumen

Modell 3 Klassischer Kimono mit Blende

Größe S/ M/ L/ XL | **Schwierigkeitsgrad** ✂ | **Kimonolänge** 74 – 76,5 cm

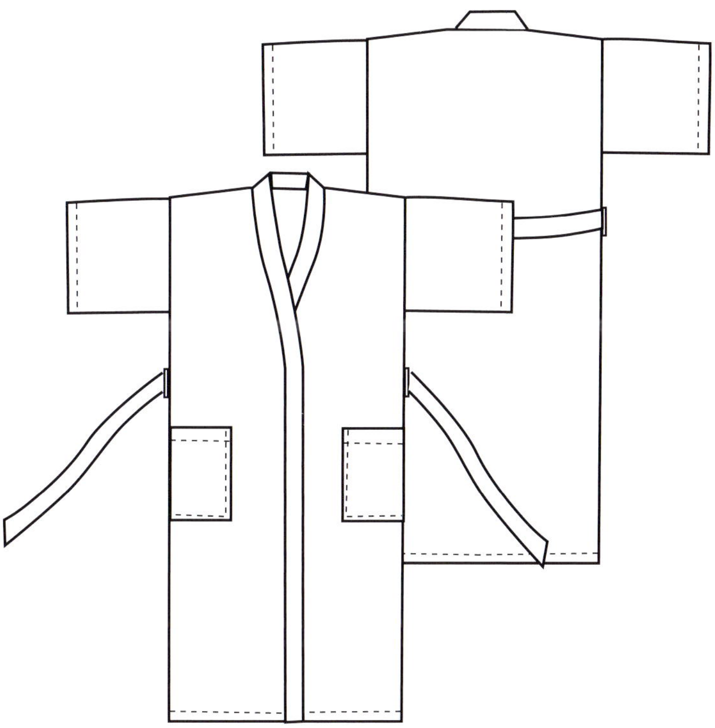

MATERIAL

- Polyestersatin (148 cm breit), 2,40/ 2,50/ 2,60/ 2,65 m

Schnittteile 1 + 1a, 2 + 2a, 3 + 5 auf Bogen A in Schwarz

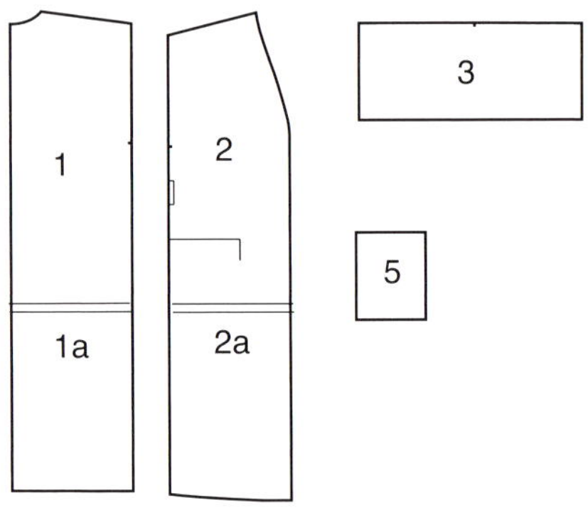

Größe: **S**

Größe: **M**

Größe: **L**

Größe: **XL**

Schnittvorbereitung

Die Schnittteile **1 + 1a,** sowie **2 + 2a** an den entsprechenden Zusammensetzlinien aneinanderkleben.

Zuschnitt

- **1** Rückenteil = 1 x Stoff
- **2** Vorderteil = 2 x Stoff
- **3** Ärmel = 2 x Stoff
- **5** Tasche = 2 x Stoff
- **a** Blende = 2 x Stoff, 132/ 133,5/ 135/ 136,5 cm lang, 8 cm breit (4 cm fertig)
- **b** Gürtelstreifen = 2 x Stoff, 85 cm lang, 9 cm breit (4,5 cm fertig)
- **c** Gürtelschlaufen = 1 x Stoff, 18 cm lang, 1 cm breit

Die Teile mit 1 cm Nahtzugabe zuschneiden, Säume mit 3 cm Zugabe zuschneiden. Für den Besatz an der oberen Taschenkante 4,5 cm zugeben.

Zuschneidepläne

Gr. S + M

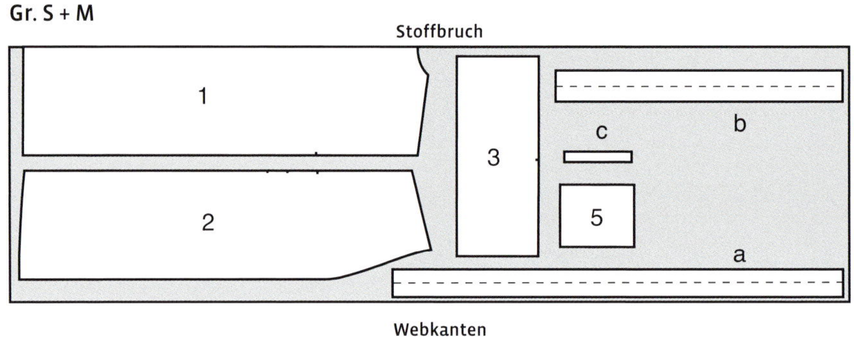

Gr. L + XL

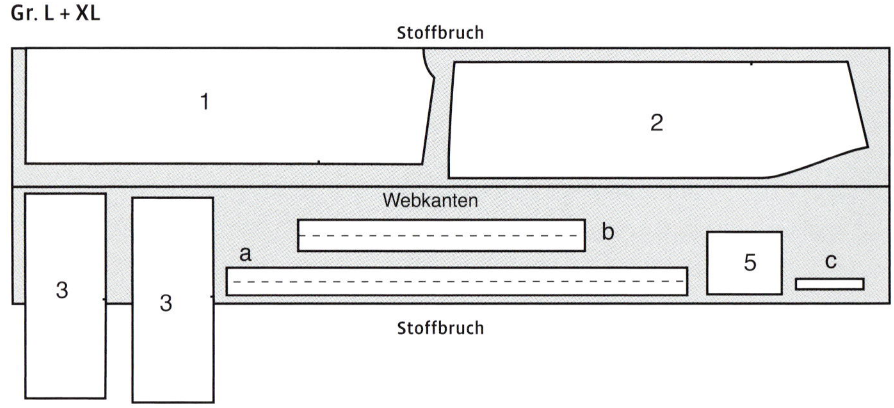

SO GEHT'S

1 **Taschen:** Die angeschnittenen Taschenbesätze nach innen bügeln und die Schnittkante 1 cm einbügeln. Taschenbesatz ansteppen. Die untere Taschenkante sowie an einer Tasche die rechte und an der anderen Tasche die linke Längskante 1 cm nach innen bügeln und die Taschen zeichengemäß auf die Vorderteile stecken. Taschen knappkantig aufsteppen. Am Tascheneingriff an der vorderen Ecke zur Nahtverstärkung ein kleines Dreieck in Nahtzugabenbreite steppen.

2 **Schulter- und Seitennähte:** Die Seitenkanten von Vorder- und Rückenteil versäubern. Vorder- und Rückenteil rechts auf rechts legen und die Schulternähte steppen. Nahtkanten zusammengefasst versäubern und nach hinten gerichtet bügeln. Teile rechts auf rechts legen und die Seitennähte bis zur Ärmeleinsatzmarkierung steppen, dabei die Taschen mitfassen. Nahtkanten auseinanderbügeln.

3 **Vordere Blende:** Auf der Blende, von der rückwärtigen Mittelnaht aus, die Halsweite abmessen Gr. S = 8,5 cm, Gr. M = 9 cm, Gr. L = 9,5 cm, Gr. XL = 10 cm und so die Schulterpunkte markieren. Die rückwärtige Blendennaht rechts auf rechts steppen. Nahtkanten auseinanderbügeln und den Blendenstreifen längskantig auf halbe Breite bügeln. Die Blende am Saum an der Bruchkante rechts auf rechts umschlagen und für den Saum die kurze Kante 3 cm breit steppen. Die Naht wenden und bügeln. Die Blende zusammengefasst an die vordere Kante des Kimonos stecken. Dabei die Schulterpunkte beachten.

Blende ansteppen und die Nahtkanten zusammengefasst versäubern. Nahtzugaben zum Kimono gerichtet bügeln. Den Kimonosaum nach innen bügeln. An der Blende den Kimonosaum um die Nahtzugaben der Blende herumlegen und anstecken. Den Saumschnittkante 1 cm einschlagen und ansteppen.

4 **Ärmel:** Die Nahkanten der Ärmel versäubern. Ärmel jeweils an den Längskanten rechts auf rechts legen und die Ärmelnaht steppen. An der Ärmeleinsatznaht nicht bis zum Ende durchsteppen, sondern nur bis zur Nahtzugabe steppen und hier verriegeln. Nahtkanten auseinanderbügeln. Den Saum nach innen bügeln, Schnittkante 1 cm einschlagen und ansteppen. Die Ärmel zeichengemäß rechts auf rechts in die Armausschnitte stecken. Auch hier wieder nur bis zur Nahtzugabe steppen und die Nahtkanten auseinanderbügeln.

5 **Gürtel:** Die Gürtelstreifen rechts auf rechts zusammensetzen, Nahtkanten auseinanderbügeln und den Streifen längskantig auf halbe Breite rechts auf rechts legen. Die langen Kanten 1 cm breit steppen, dabei ein Stück der Naht (ca. 8-10 cm) zum Wenden offen lassen. An den kurzen Kanten 3 cm schräg abnähen. Die Ecken der Nahtzugaben schräg abschneiden und den Gürtel nach außen wenden. Das geht sehr gut mit dem Wende-Set von Prym. Die Ecken gut herausdrücken und den Gürtel sorgfältig glatt bügeln. Die Wendeöffnung mit der Hand zunähen.

6 **Gürtelschlaufen:** Den Streifen **c** längskantig rechts auf rechts auf halbe Breite legen und 1 cm breit steppen. An einem Ende quersteppen. Die Nahtzugaben knapp verschneiden und den Streifen nach außen wenden. Auch hier wieder das Wendewerkzeug nehmen. Den Streifen glatt bügeln und in zwei 8 cm lange Streifen schneiden. Wie am Schnitt markiert die Gürtelschlaufen, jeweils an den Enden 1 cm breit eingeschlagen, aufsteppen. Den Gürtel durchziehen.

Fein getupft „Allover"

Modell 4 Kimono-Overall

Größe S/ M/ L/ XL | **Schwierigkeitsgrad** ✂ | **Seitenlänge ab Taille** 88 – 91 cm

MATERIAL

- Viskose getupft (140 cm breit), 2,55/ 2,55/ 2,75/ 2,75 m
- Gummiband (1 cm breit) in Taillenlänge
- 1 Plastikdruckknopf
- dünne aufbügelbare Einlage (90 cm breit), 0,20 m

Schnittteile 5, 6 + 6a, 7, 8 + 8a, 9 + 10 auf Bogen B in Rot

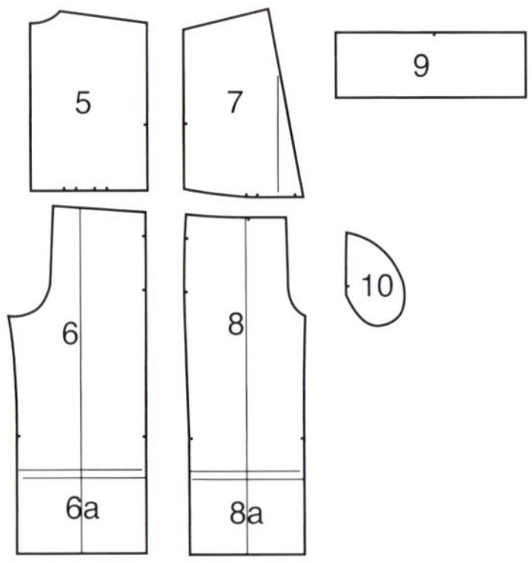

Größe: **S**

Größe: **M**

Größe: **L**

Größe: **XL**

Schnittvorbereitung

Die Schnittteile **6 + 6a** sowie **8 + 8a** jeweils an den Zusammensetzlinien aneinanderkleben.

Zuschnitt

- **5** Rückenteil oben = 1 x Stoff
- **6** rückw. Hosenteil = 2 x Stoff
- **7** Vorderteil oben = 2 x Stoff
- **8** vord. Hosenteil = 2 x Stoff
- **9** Ärmel = 2 x Stoff
- **10** Taschenbeutel = 4 x Stoff
- **a** Blende = 2 x Stoff, 57,5/ 59/ 60,5/ 62 cm lang, 8 cm breit (4 cm fertig)
- **b** Gürtelstreifen = 1 x Stoff, 68/ 74/ 82/ 90 cm lang, 13 cm breit (6,5 cm fertig)
- Für die Größen L + XL den Gürtelstreifen der Länge nach im Ganzen zeichnen und auf halbe Breite an den Stoffbruch legen.
- **c** Bindeband = 2 x Stoff, 75 cm lang, 3 cm breit (1,5 cm fertig)

Die Teile mit 1 cm Nahtzugabe zuschneiden. Säume mit 3 cm Zugabe zuschneiden. **Achtung!** Die oberen Vorderteile gegengleich zuschneiden.

Zuschneidepläne

Gr. S + M

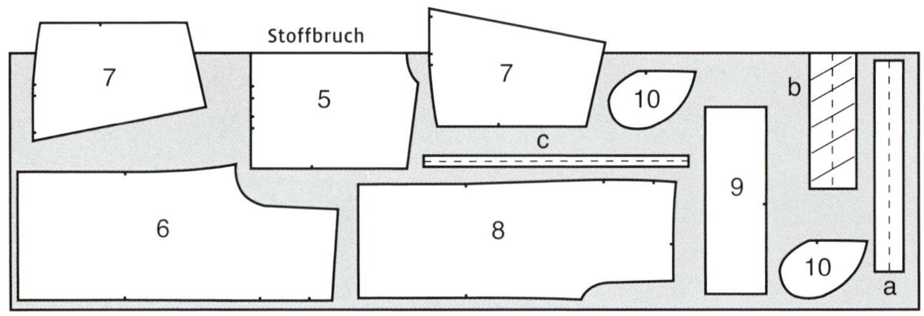

Gr. L + XL

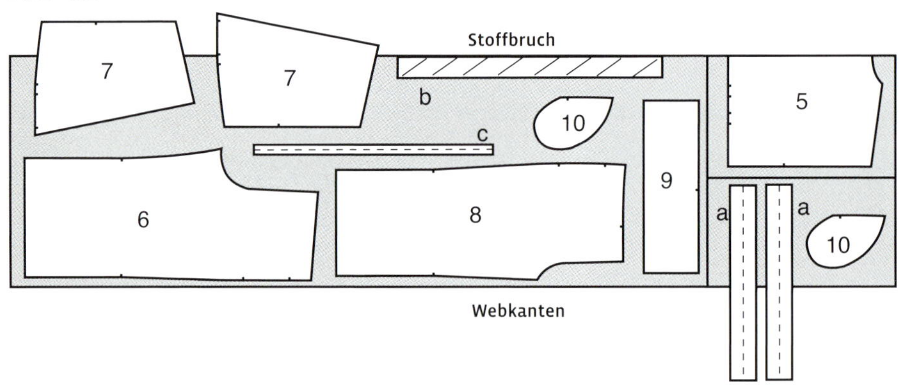

SO GEHT'S

1 **Schulter- und Seitennähte:** Die Nahtkanten der oberen Vorder- und Rückenteile versäubern. Vorder- und Rückenteil rechts auf rechts aufeinanderlegen und die Schulternähte steppen. Seitennähte nur bis zur Ärmeleinsatzmarkierung steppen, Nahtkanten auseinanderbügeln.

2 **Vordere Blende:** Von der rückwärtigen Mittelnaht aus, auf der Blende, die Halsweite abmessen Gr. S = 8,5 cm, Gr. M = 9 cm, Gr. L = 9,5 cm, Gr. XL = 10 cm und so die Schulterpunkte markieren. Die rückwärtige Blendennaht rechts auf rechts steppen. Nahtkanten auseinanderbügeln und den Blendenstreifen längskantig auf halbe Breite bügeln. Die Blende zusammengefasst an die vordere Kante des Oberteils stecken. Dabei die Schulterzeichen beachten. Blende ansteppen und die Nahtkanten zusammengefasst versäubern. Nahtzugaben zum Oberteil gerichtet bügeln. An der unteren Kante die Vorderteile 10 cm übereinanderlegen und steppen. Die Falten am Rückenteil und an den Vorderteilen, wie im Schnitt markiert einlegen und feststeppen.

3 **Zur Ärmel:** Die Nahkanten der Ärmel versäubern. Ärmel jeweils an den Längskanten rechts auf rechts legen und die Nähte steppen. An der Ärmeleinsatznaht nicht ganz durchsteppen, sondern nur bis zur Nahtzugabe steppen und hier verriegeln. Nahtkanten auseinanderbügeln. Den Saum nach innen bügeln, Schnittkante 1 cm einschlagen und ansteppen. Die Ärmel zeichengemäß rechts auf rechts in die Armausschnitte stecken. Auch hier wieder nur bis zur Nahtzugabe steppen und die Nahtkanten auseinanderbügeln.

4 **Hose:** Sämtliche Nahtkanten versäubern. Die vordere und rückwärtige Schrittnaht jeweils rechts auf rechts steppen. Nähte auseinanderbügeln, dabei die Nahtzugaben in den Rundungen gut dehnen. Vorder- und Rückenteil rechts auf rechts legen und die Seitennähte steppen. Dabei die Tascheneingriffe, wie im Schnitt eingezeichnet, offen lassen. Die Nähte auseinanderbügeln.

5 **Taschen:** Die Taschenbeutel jeweils an den Kanten versäubern. Einen Taschenbeutel – jeweils im Bereich des Tascheneingriffs – rechts auf rechts an das Rückenteil steppen und den anderen Taschenbeutel ebenso an das Vorderteil steppen. Den vorderen Taschenbeutel nach vorn gerichtet legen und die Eingriffskante flach bügeln. Die Beutelteile aufeinandersteppen und glatt bügeln.

6 **Hose:** Den Hosensaum nach innen bügeln. Die Innenbeinnähte rechts auf rechts steppen – dabei den Saum wieder nach außen legen. Nähte auseinanderbügeln, den Saum wieder einlegen, die Schnittkante 1 cm eingeschlagen ansteppen.
Hose und Oberteil an der Taillenkante rechts auf rechts legen und steppen. Naht auseinanderbügeln und das Gummiband gedehnt an die Nahtzugaben steppen.

7 **Gürtel:** Die Gürtelbänder jeweils längskantig rechts auf rechts auf halbe Breite legen. Die lange Kante steppen, dabei ein Stück der Naht (ca. 8-10 cm) zum Wenden offen lassen. An den kurzen Kanten schräg abnähen. Die Nahtzugaben an den Ecken schräg abschneiden und den Gürtel nach außen wenden. Das geht sehr gut mit dem Wende-Set von Prym. Die Ecken gut herausdrücken und die Bänder sorgfältig glatt bügeln. Die Wendeöffnung mit der Hand zunähen. Das Gürtelteil mit Einlage fixieren und längskantig links auf links auf halbe Breite bügeln. Gürtelteil wieder auffalten. Je ein Gürtelband – mit der offenen kurzen Kante – an den Schmalseiten des Gürtels in einer Hälfte rechts auf rechts mittig aufstecken. Die Bänder müssen dabei auf dem Gürtel liegen. Den Gürtel nun längskantig rechts auf rechts legen und die offenen Kanten steppen. Dabei ein Stück Naht zum Wenden offenlassen. Gürtel nach außen wenden, die beiden Bänder herausziehen und den Gürtel bügeln. Die Wendeöffnung mit der Hand zunähen.Den Overall anprobieren und vorn am V-Ausschnitt den Druckknopf annähen. Den Gürtel, ganz nach Belieben, hinten oder vorn verknoten.

Vorne kurz, hinten lang!

Modell 5 Oberteil mit Schlitzen

Größe S/ M/ L/ XL | **Schwierigkeitsgrad** ✂✂ | **Kimonolänge** 98 – 100,5 cm

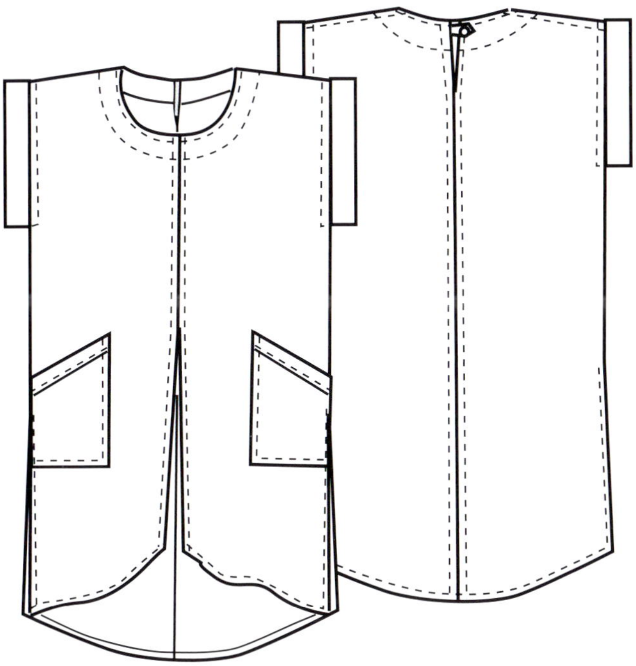

MATERIAL

- Viskose uni weiß (148 cm breit), 1,35/ 1,35/ 1,35/ 1,90 m
- 1 kleiner Knopf, 10 mm Ø

Schnittteile **1 + 1a, 2 + 2a + 4** auf Bogen B in Schwarz

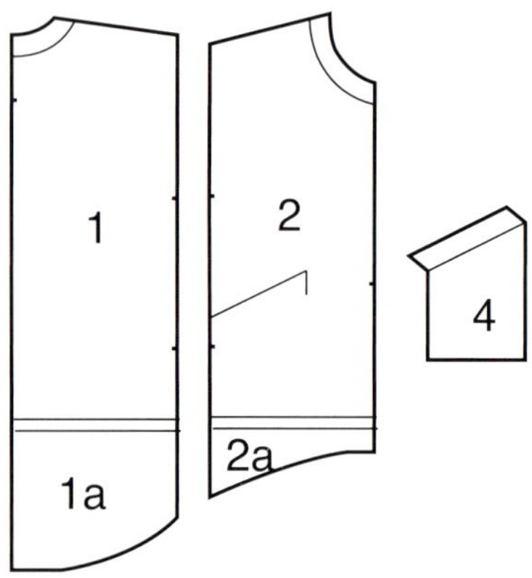

Größe: **S**
Größe: **M**
Größe: **L**
Größe: **XL**

Schnittvorbereitung

Die Schnittteile **1 + 1a,** sowie **2 + 2a** an den entsprechenden Zusammensetzlinien aneinanderkleben. Die Besätze von Vorder- und Rückenteil auf die entsprechenden Größen übertragen und als extra Teile kopieren.

Zuschnitt

- **1** Rückenteil = 2 x Stoff
- **1** rückw. Besatz = 2 x Stoff
- **2** Vorderteil – 2 x Stoff
- **2** vord. Besatz = 1 x Stoff
- **4** Tasche = 2 x Stoff
- **a** Ärmelblenden = 2 x Stoff, 57/ 58/ 59,25/ 60,5 cm lang, 7 cm breit (3,5 cm fertig)
- **b** Schlaufe für den Knopf = 1 x Stoff 4 cm lang, 1 cm breit

Die Teile mit 1 cm Nahtzugabe zuschneiden, Säume mit 1,5 cm Zugabe zuschneiden.

Zuschneidepläne

Gr. S + L

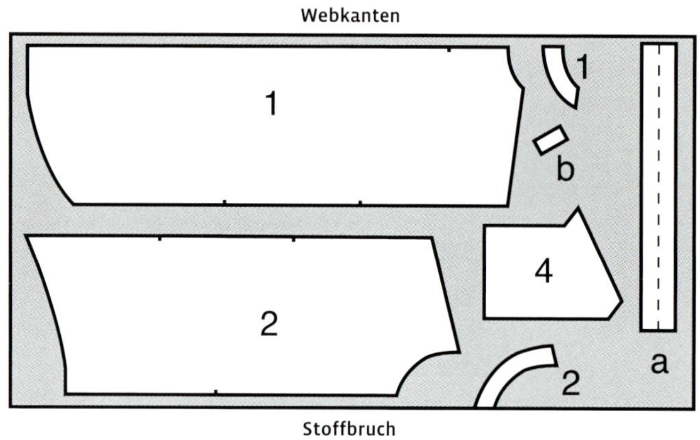

Gr. XL

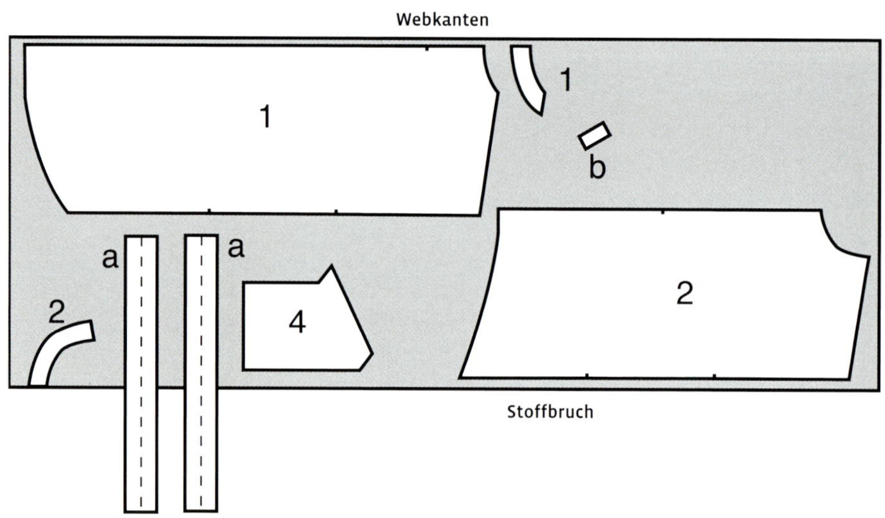

SO GEHT'S

1 **Taschen:** Die angeschnittenen Taschenbesätze nach innen bügeln, Schnittkanten 1 cm einschlagen und ansteppen. Die Taschenkanten jeweils an den langen Seiten und am unteren Rand 1 cm nach innen bügeln. Die Ecke oben an der Kante nach innen legen. Die Taschen zeichengemäß auf die Vorderteile stecken und rundherum knappkantig aufsteppen. Am Tascheneingriff ein kleines Dreieck steppen.

2 **Vorder- und Rückenteil:** Vorder- und Rückenteile jeweils rechts auf rechts legen und die Mittelnähte bis zu den Schlitzmarkierungen steppen. Die Nahtkanten jeweils knapp einschlagen und feststeppen. Am vorderen, sowie rückwärtigen Schlitz die Kanten auf jeder Seite ebenfalls einschlagen, knapp umschlagen und ansteppen. Die Säume von Vorder- und Rückenteilen nach innen bügeln, knapp einschlagen und ansteppen.

3 **Schlaufe für den Knopf:** Den Streifen **b** längskantig rechts auf rechts legen und 0,75 cm breit steppen. Die Nähfäden lang hängen lassen, in eine große Nadel einfädeln, die Fäden verknoten und die Nadel durch den Schlauch ziehen. Den Streifen dann ganz nach außen wenden und flach bügeln. Die Schlaufe nun zur Hälfte legen, sodass die Kanten aneinanderstoßen. Am Ende eine Ecke bilden. Die Schlaufe unter die linke rückw. Schlitzkante stecken, sodass 1,5 cm Schlaufe heraus-guckt. Am Knopf ausprobieren, ob er durch die Schlaufe passt, dann die Schlaufe festheften.

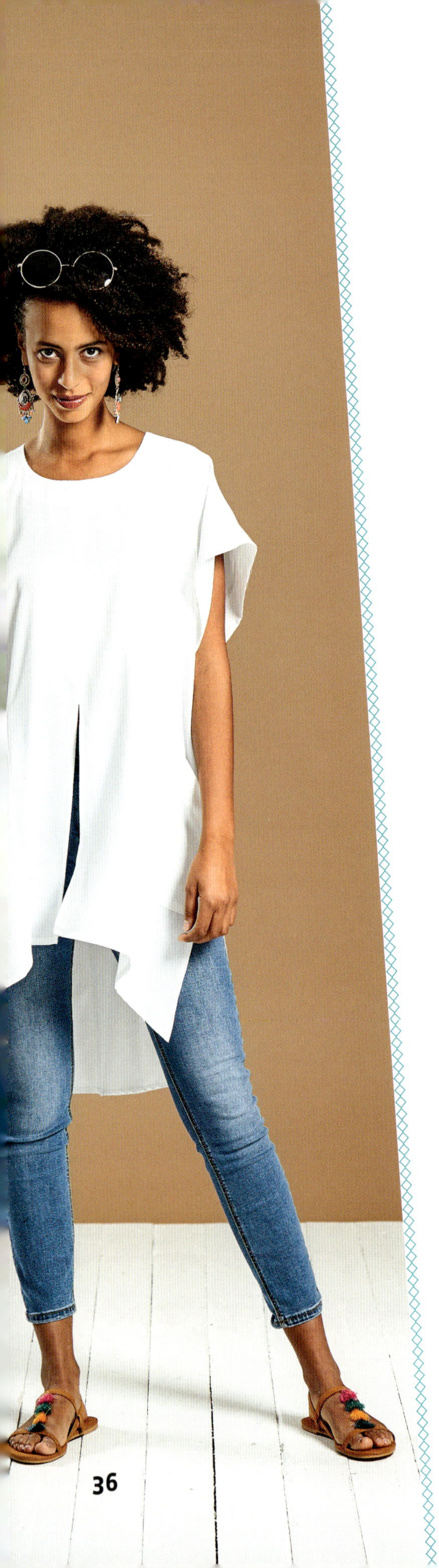

4 Halsausschnitt: Vorder- und Rückenteil rechts auf rechts legen und die Schulternähte steppen. Die Nahtzugaben nach hinten bügeln. Die rückwärtige Nahtkante knapp verschneiden, die vordere Nahtkante einschlagen und knappkantig aufsteppen. Die Schulternähte der Besätze steppen, auseinanderbügeln und die innere Besatzkante versäubern. Besatz rechts auf rechts auf das Oberteil legen, am rückwärtigen Halsausschnitt muss auf jeder Seite 1 cm überstehen und den Halsausschnitt steppen. Die Nahtzugaben knapp verschneiden und den Besatz aufklappen. Auf dem Besatz, die Nahtzugaben liegen darunter, knappkantig neben der Naht absteppen. Dabei den Halsausschnitt nicht ausdehnen! Die Kante gut bügeln. Die Halsrundung dabei gut in Form bügeln. An der rückwärtigen Mitte die Besatzkanten nach innen legen und bügeln. Die Mittelnaht noch einmal in der ersten Naht steppen, dabei die Schlaufe mitfassen. Jetzt den Halsausschnitt steppfußbreit absteppen. Den Besatz anheften und neben der Besatzkante ebenfalls absteppen. Dann 0,5 cm daneben eine zweite Steppnaht setzen.

5 Seitennähte: Die Seitennahtkanten versäubern, die Teile rechts auf rechts legen und die Seitennähte von der Ärmeleinsatzmarkierung bis zum Schlitzanfang steppen, dabei die Taschen am oberen Stück mitfassen. Nahtkanten jeweils auseinanderbügeln. Die Schlitzkanten nach innen bügeln und feststeppen.

6 Ärmelblenden: Die Blendenstreifen jeweils an den kurzen Kanten rechts auf rechts legen und die Naht steppen. Nahtkanten auseinanderbügeln. Blenden auf halbe Breite bügeln und zusammengefasst, rechts auf rechts an die Armausschnitte steppen. Nahtkanten zusammengefasst versäubern und zum Oberteil gerichtet bügeln. Von rechts auf der Naht 0,5 cm breit absteppen. Den Knopf am rechten Rückenteil annähen.

Sportlich in Leinenoptik

Modell 6 Kleid mit Tunnelzug

Größe S/ M/ L/ XL | **Schwierigkeitsgrad** ✂✂✂ | **Kimonolänge** 113 – 116 cm

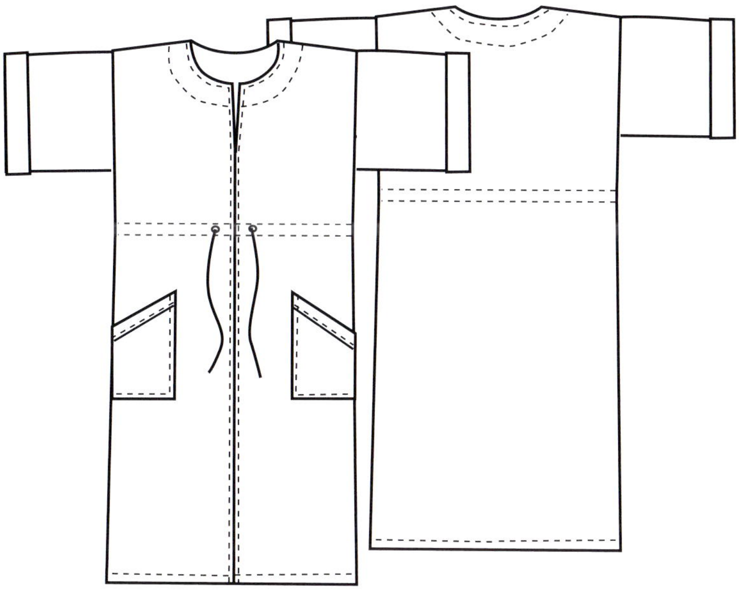

MATERIAL

- Viskose Baumwollgemisch uni gelb (132 cm breit), 2,15/ 2,45/ 2,85/ 2,85 m
- 2 Metallösen 8 mm Ø
- etwas aufbügelbare Einlage für die Ösenverstärkung

Schnittteile 1 + 1a, 2 + 2a, 3 + 4 auf Bogen B in Schwarz

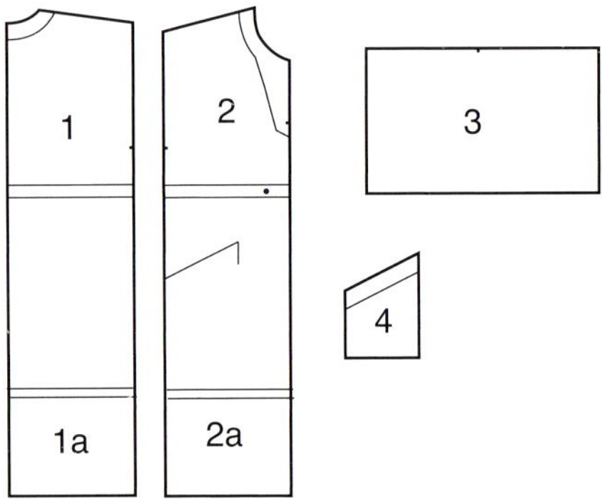

Größe: **S**
Größe: **M**
Größe: **L**
Größe: **XL**

Schnittvorbereitung

Die Schnittteile **1 + 1a,** sowie **2 + 2a** an den entsprechenden Zusammensetzlinien aneinanderkleben. Die Besätze von Vorder- und Rückenteil auf die entsprechenden Größen übertragen und kopieren. Die Taschenblende von der Tasche abschneiden.

Zuschnitt

- **1** Rückenteil = 1 x Stoff
- **1** rückw. Besatz = 1 x Stoff
- **2** Vorderteil = 2 x Stoff
- **2** vord. Besatz = 2 x Stoff
- **3** Ärmel = 2 x Stoff
- **4** Tasche = 2 x Stoff
- **4** Taschenblende = 2 x Stoff, im Fadenlauf zuschneiden
- **a** Tunnelstreifen = 2 x Stoff, 58,75/ 63/ 67/ 71,25 cm lang, 3 cm breit
- **b** Tunnelband = 2 x Stoff, 95 cm lang, 2 cm breit

Zuschneidepläne

Gr. S

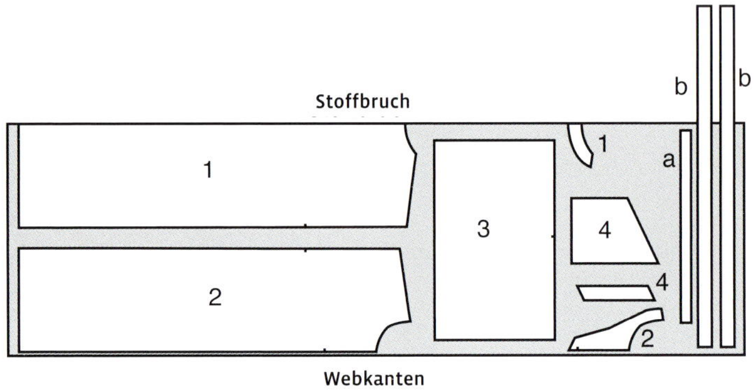

Gr. M

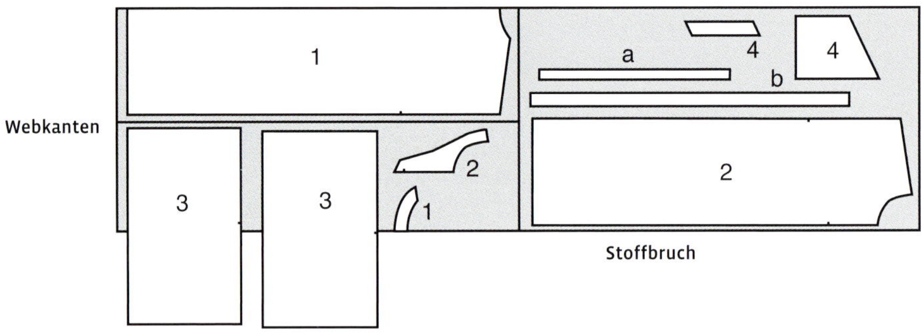

Gr. L + XL

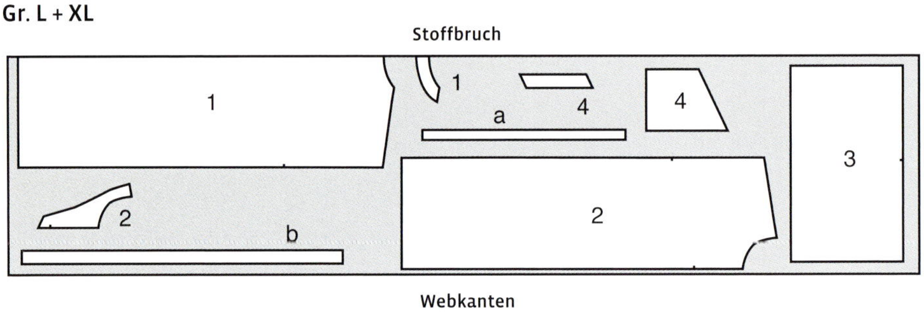

Die Teile mit 1 cm Nahtzugabe zuschneiden, Säume mit 4 cm Zugabe zuschneiden. **Achtung:** Bei Gr. M die Ärmel gegengleich zuschneiden!

SO GEHT'S

1 **Ösen:** Die Platzierung der Ösen am Vorderteil auf der Stoffoberseite markieren. Auf die Unterseite jeweils ein kleines Stück Einlage aufbügeln, dann noch ein Stück Stoff zur Absicherung unterlegen und die Ösen nach Anleitung einarbeiten. Wie im Schnitt eingezeichnet, die Tunnelposition mit Heftstichen auf die Teile übertragen.

2 **Taschen:** Die Blendenstreifen jeweils an der unteren Kante 1 cm nach innen bügeln. Dann rechts auf links auf die Tasche legen, die obere Kante und die lange schräge Ecke steppen. Die Nahtzugaben an den Ecken schräg abschneiden, Blende nach außen wenden und die obere Kante bügeln. Die Blende knappkantig aufsteppen. Die vordere Taschenkante und die untere Kante nach innen bügeln. Die Taschen zeichengemäß auf die Vorderteile stecken und rundherum knappkantig aufsteppen. Am Tascheneingriff an der vorderen Ecke zur Nahtverstärkung ein kleines Dreieck in Nahtzugabenbreite steppen.

3 **Vorderteile:** Die Nahtkanten der Vorderteile und des Rückenteils versäubern. Vorderteile rechts auf rechts stecken und die vordere Mitte bis zur Schlitzmarkierung steppen. Die Nähte auseinanderbügeln.

4 Halsausschnitt und Schlitz: Vorder- und Rückenteil rechts auf rechts legen und die Schulternähte steppen. Nähte auseinanderbügeln. Die Schulternähte und die vordere Mittelnaht der Besätze steppen, auseinanderbügeln und die innere Besatzkante versäubern. Besatz rechts auf rechts auf das Kleid legen und den Halsausschnitt steppen. Den vorderen Schlitz gleich mit steppen. Die Nahtzugaben knapp verschneiden, an den Ecken schräg abschneiden. Den Besatz nach innen wenden und die Kante gut bügeln. Die Halsrundung dabei nicht ausdehnen. Jetzt den Halsausschnitt und die Schlitzkanten steppfußbreit absteppen. Die vordere Mitte, jeweils neben der Naht, steppfußbreit absteppen. Den Besatz glatt anstecken oder heften und dann noch einmal in Besatzbreite aufsteppen.

5 Seitennähte: Vorder- und Rückenteil rechts auf rechts legen und die Seitennähte bis zur Ärmeleinsatzmarkierung steppen, dabei die Taschen mitfassen. Nahtkanten jeweils auseinanderbügeln. Den Saum nach innen bügeln, Schnittkante 1 cm einschlagen und ansteppen.

6 Tunnel: Den Tunnelstreifen **a** an den Längskanten versäubern, rechts auf rechts legen und die Quernaht steppen. Naht auseinanderbügeln. Tunnelstreifen innen an die markierten Linien stecken und jeweils mit 1 cm Breite aufsteppen, sodass der Tunnel fertig 3 cm breit ist.

7 Ärmel: Die Nahkanten der Ärmel versäubern. Ärmel jeweils an den Längskanten rechts auf rechts legen und die Nähte steppen. An der Ärmeleinsatznaht nicht ganz bis zum Ende durchsteppen, sondern nur bis zur Nahtzugabe steppen und hier verriegeln. Nahtkanten auseinanderbügeln. Den Saum nach außen umschlagen, dann noch einmal nach außen legen und einen 5 cm breiten Umschlag bilden. Mit ein paar Handstichen unsichtbar annähen.Die Ärmel zeichengemäß rechts auf rechts in die Armausschnitte stecken. Auch hier wieder nur bis zur Nahtzugabe steppen und die Nahtkanten zum Kleid gerichtet bügeln.

8 Tunnelband: Die Tunnelbandstreifen jeweils rechts auf rechts zusammensetzen, Nahtkanten auseinanderbügeln. An jeder Längskante 1 cm breit nach innen bügeln, dann die Bruchkanten aufeinanderlegen und knappkantig steppen. Das Tunnelband glatt bügeln und mit einer kleinen Sicherheitsnadel durch die Ösen in den Tunnel ziehen. Band an den Enden verknoten.

Summertime!

Modell 7 Kimono als Jacke mit Kontrast-Blende

Größe S/ M/ L/ XL | **Schwierigkeitsgrad** ✂✂ | **Kimonolänge** 80,5 – 83 cm

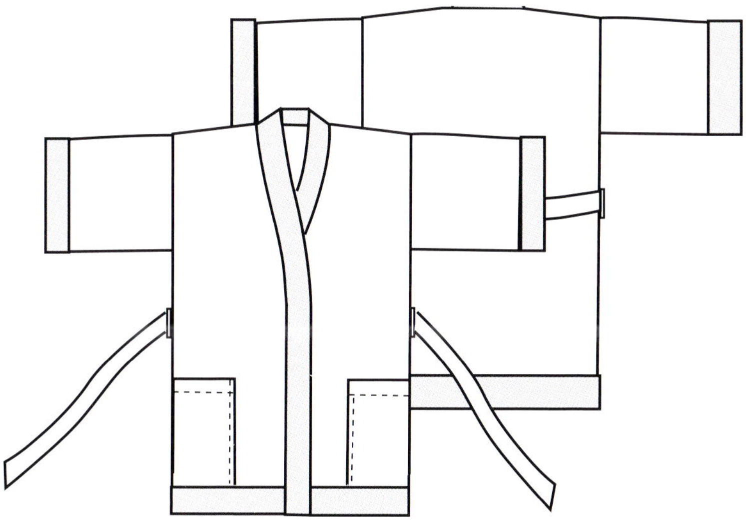

MATERIAL

- Baumwoll-Popeline bunt (146 cm breit), 1,50/ 1,50/ 1,55/ 2,05 m
- Leinen uni gelb (132 cm breit), 1,15/ 1,15/ 1,40/ 1,50 m

Schnittteile 7 - 11 auf Bogen D in Rot

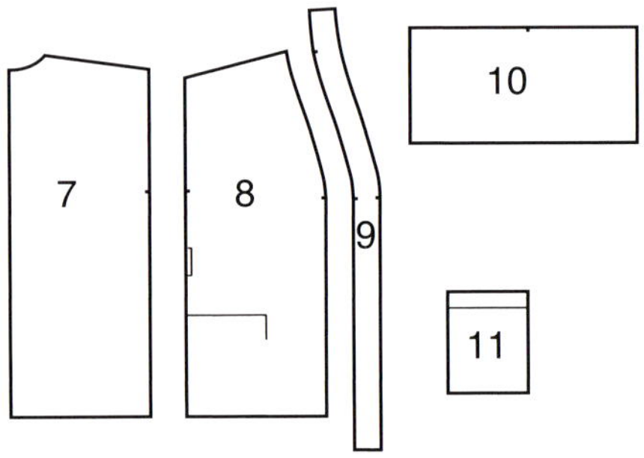

Größe: **S**

Größe: **M**

Größe: **L**

Größe: **XL**

Schnittvorbereitung

Das Schnittteil 9 um 6 cm verlängern.

Zuschneidepläne

Zuschnitt

Popeline bunt

- **7** Rückenteil = 1 x Stoff
- **8** Vorderteil = 2 x Stoff
- **10** Ärmel = 2 x Stoff
- **11** Tasche = 2 x Stoff
- **a** Gürtelstreifen = 2 x Stoff, 85 cm lang, 11 cm breit (5,5 cm fertig)
- **b** Gürtelschlaufen = 1 x Stoff, 20 cm lang, 3 cm breit (incl. Nahtzugaben)

Leinen uni gelb

- **9** Blende = 4 x Stoff
- **c** Saumblende = 1 x Stoff, 118/ 126/ 134/ 142 lang, 12 cm breit (6 cm fertig)
- **d** Ärmelblende = 2 x Stoff, 50/ 51/ 52/ 53,5 cm lang, 10 cm breit (5 cm fertig)

Die Teile mit 1 cm Nahtzugabe zuschneiden. Für den Besatz an der oberen Taschenkante 4,5 cm zugeben. **Achtung:** Die Blenden gegengleich zuschneiden!

Zuschneidepläne

Popeline bunt
Gr. S, M + L

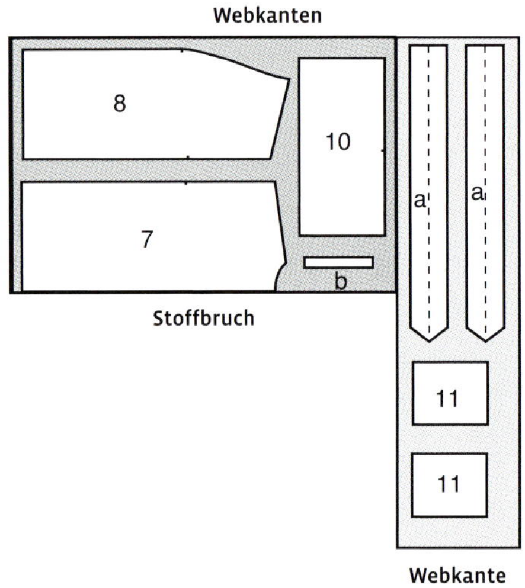

Leinen uni gelb
Gr. S + M

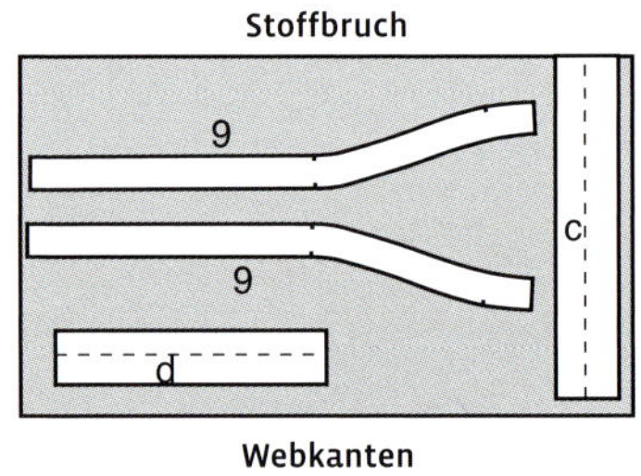

Leinen uni gelb
Gr. L + XL

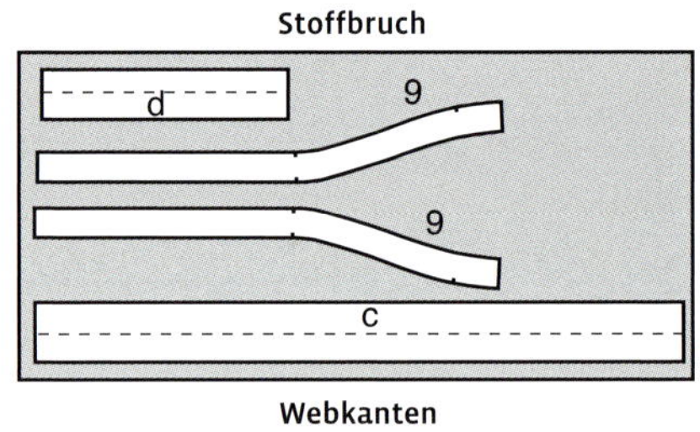

Popeline bunt
Gr. XL

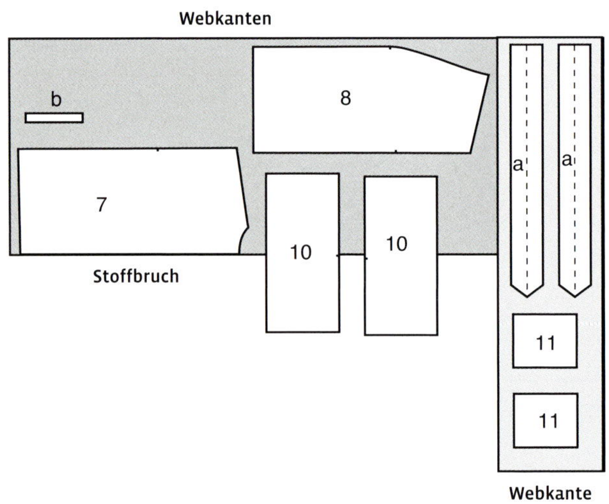

SO GEHT'S

1 **Versäubern:** Sämtliche Nahtkanten von Vorderteilen, Rückenteil und Ärmeln versäubern.

2 **Taschen:** Die angeschnittenen Taschenbesätze nach innen bügeln und die Schnittkante 1 cm einbügeln. Taschenbesatz ansteppen. An einer Tasche die rechte und an der anderen Tasche die linke Längskante 1 cm nach innen bügeln und die Taschen zeichengemäß auf die Vorderteile stecken. Taschen knappkantig aufsteppen. Am Tascheneingriff an der vorderen Ecke zur Nahtverstärkung ein kleines Dreieck in Nahtzugabenbreite steppen.

3 **Schulter- und Seitennähte:** Vorder- und Rückenteil rechts auf rechts legen und die Schulternähte steppen. Seitennähte nur bis zur Ärmeleinsatzmarkierung steppen, dabei die Taschen mitfassen. Nahtkanten auseinanderbügeln.

4 **Saumblende:** Den Blendenstreifen links auf links längskantig auf halbe Breite bügeln. Den Streifen rechts auf rechts zusammengefasst an den Saum stecken, dabei die Taschenunterkanten mitfassen. Die Blende ansteppen, Nahtkanten zusammengefasst versäubern und zur Jacke gerichtet bügeln.

5 **Vordere Blende:** Jeweils zwei Blendenteile rechts auf rechts legen und die rückwärtige Mittelnaht steppen. Nahtkanten auseinanderbügeln, die Blenden rechts auf rechts legen und die Kante steppen. Die Blenden aufklappen und auf der Kante dicht neben der Naht, die Nahtzugaben liegen darunter, steppen. Die Kante gut flachbügeln. Dabei die Blendenform beibehalten. Die Blende rechts auf rechts, offen an die vordere Kante steppen, dabei die Schulterzeichen und die vorderen Zeichen beachten. Die Nahtzugaben zur Blende gerichtet bügeln. Die Blende am Saum ebenfalls einschlagen, die andere Blendenkante versäubern, glatt auf der Innenseite auflegen und von außen anstecken. Blende von rechts im Nahtschatten – das heißt knapp neben der Ansatznaht – ansteppen.

6 **Ärmel:** Ärmel jeweils an den Längskanten rechts auf rechts legen und die Ärmelnaht steppen. An der Ärmeleinsatznaht nicht ganz bis zum Ende durchsteppen, sondern nur bis zur Nahtzugabe steppen und hier verriegeln. Nahtkanten auseinanderbügeln. Die Ärmelblenden jeweils rechts auf rechts legen und die an der schmalen Kante zu einem Rund steppen. Die Nahtzugaben auseinanderbügeln und die Blende auf halbe Breite bügeln. Die Blende zusammengefasst rechts auf rechts an die Ärmelsaumkante steppen. Nahtkanten zusammengefasst versäubern und zum Ärmel gerichtet bügeln. Die Ärmel zeichengemäß rechts auf rechts in die Armausschnitte stecken. Auch hier wieder nur bis zur Nahtzugabe steppen und die Nahtkanten zur Jacke gerichtet bügeln.

7 **Gürtel:** Die Gürtelstreifen rechts auf rechts zusammensetzen, Nahtkanten auseinanderbügeln und den Streifen längskantig auf halbe Breite rechts auf rechts legen. Die langen Kanten 1 cm breit steppen, dabei ein Stück der Naht (ca. 8-10 cm) zum Wenden offenlassen. An den kurzen Kanten 3 cm schräg abnähen. Die Ecken der Nahtzugaben schräg abschneiden und den Gürtel nach außen wenden. Das geht sehr gut mit dem Wende-Set von Prym. Die Ecken gut herausdrücken und den Gürtel sorgfältig glattbügeln. Die Wendeöffnung mit der Hand zunähen.

8 **Gürtelschlaufen:** Den Streifen **c** längskantig rechts auf rechts auf halbe Breite legen und 1 cm breit steppen. An einem Ende quersteppen. Die Nahtzugaben knapp verschneiden und den Streifen nach außen wenden. Auch hier wieder das Wendewerkzeug nehmen. Den Streifen glatt bügeln und in zwei 9 cm lange Streifen schneiden. Wie am Schnitt markiert, die Gürtelschlaufen, jeweils an den Enden 1 cm breit eingeschlagen, aufsteppen. Den Gürtel durchziehen.

Heiß am Strand!

Modell 8 Kimonoweste mit Blende

Größe S/ M/ L/ XL | **Schwierigkeitsgrad** ✂ | **Kimonolänge** 100 – 103 cm

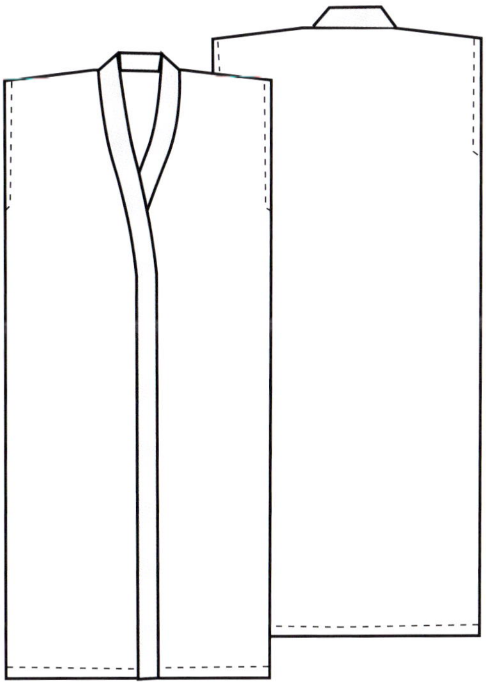

MATERIAL

- Polyesterkrepp Chiffon bedruckt (140 cm breit), 1,10/ 1,10/ 1,95/ 2,05 m
- Polyesterkrepp Chiffon uni hellblau (140 cm breit), 0,25 m

Schnittteile 1 + 1a, 2 + 2a auf Bogen A in Schwarz

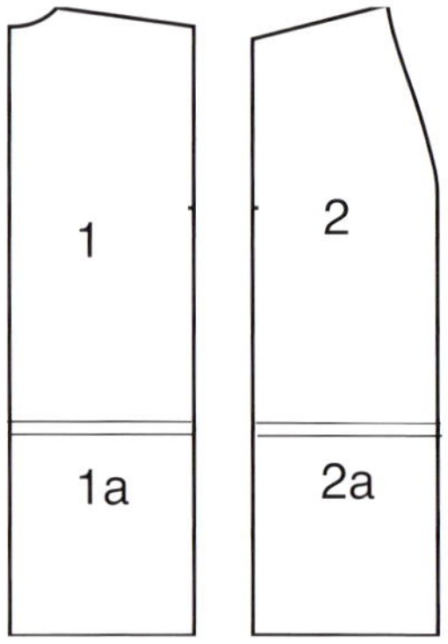

Größe: **S**

Größe: **M**

Größe: **L**

Größe: **XL**

Schnittvorbereitung

Die Schnittteile **1 + 1a,** sowie **2 + 2a** an den entsprechenden Zusammensetzlinien aneinanderkleben.

Zuschnitt

- **1** Rückenteil = 1 x Stoff
- **2** Vorderteil = 2 x Stoff
- **a** Blende = 2 x Stoff hellblau, 113,5/ 114,75/ 116/ 117,5 cm lang, 8 cm breit (4 cm fertig)

Die Teile mit 1 cm Nahtzugabe zuschneiden. Säume mit 2 cm Zugabe zuschneiden.

Zuschneidepläne

Chiffon bedruckt
Gr. S + M

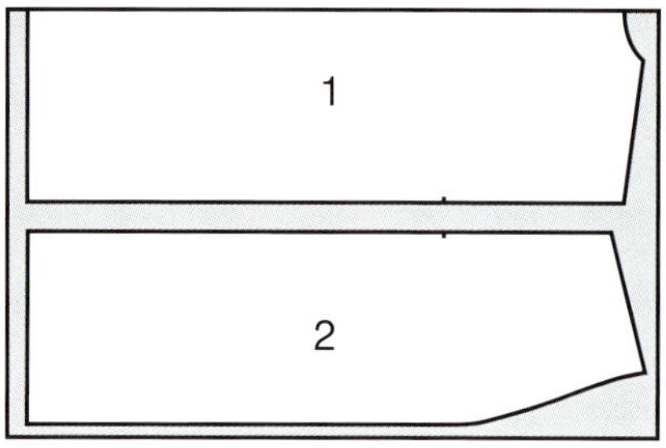

Chiffon uni hellblau
Gr. S - XL

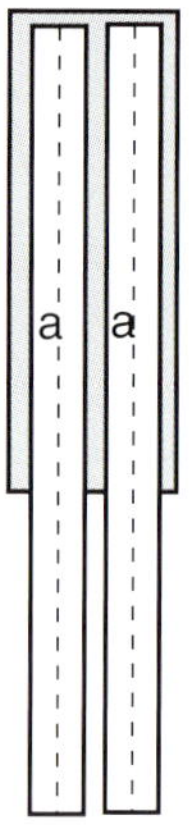

Chiffon bedruckt
Gr. S - XL

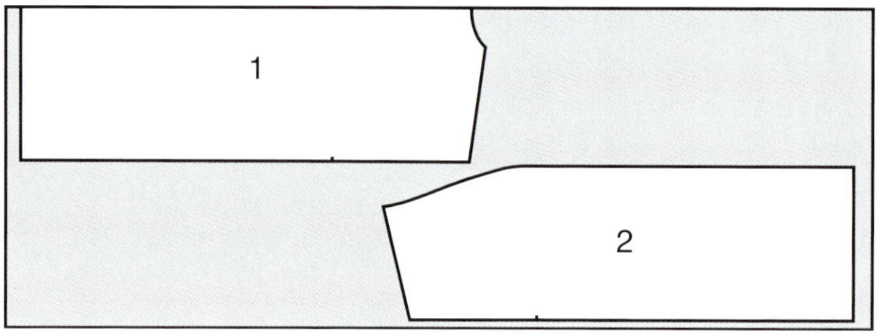

SO GEHT'S

1 **Vorder- und Rückenteil:** Vorder- und Rückenteil links auf links legen und die Schulternähte bei 0,5 cm steppen. Nahtkanten knapp verschneiden, Naht ausbügeln, Vorder- und Rückenteil jetzt rechts auf rechts legen, die Naht in den Nahtbruch legen und erneut 0,5 cm breit steppen. Das ist eine sogenannte „Rechts-Links Naht". Nähte glatt bügeln.

2 **Seitennähte:** Die Armausschnitte bis zur Ärmeleinsatzmarkierung 1 cm nach innen bügeln, 0,5 cm einschlagen und steppen. Seitennähte links auf links legen und die Seitennähte bis zum Armausschnitt 0,5 cm breit steppen. Dann weiterverarbeiten wie bei den Schulternähten beschrieben.

3 **Blende:** Auf der Blende, von der rückwärtigen Mittelnaht aus, die Halsweite abmessen Gr. S = 8,5 cm, Gr. M = 9 cm, Gr. L = 9,5 cm, Gr. XL = 10 cm und so die Schulterpunkte markieren. Die rückwärtige Blendennaht rechts auf rechts steppen. Nahtkanten auseinanderbügeln und den Blendenstreifen längskantig auf halbe Breite bügeln. Die Blende zusammengefasst rechts auf rechts, an die vordere Kante steppen. Dabei die Schulterpunkte beachten. Die Nahtkanten zusammengefasst versäubern und zur Weste gerichtet bügeln. Den Saum und den Saum der Blende nach innen bügeln, Schnittkante 1 cm einschlagen und ansteppen.

Ganz edel in reiner Seide!

Modell 9 Kimono mit roten Blenden und schwarzer Schärpe

Größe S/ M/ L/ XL | **Schwierigkeitsgrad** ✂✂ | **Kimonolänge** 108 – 111 cm

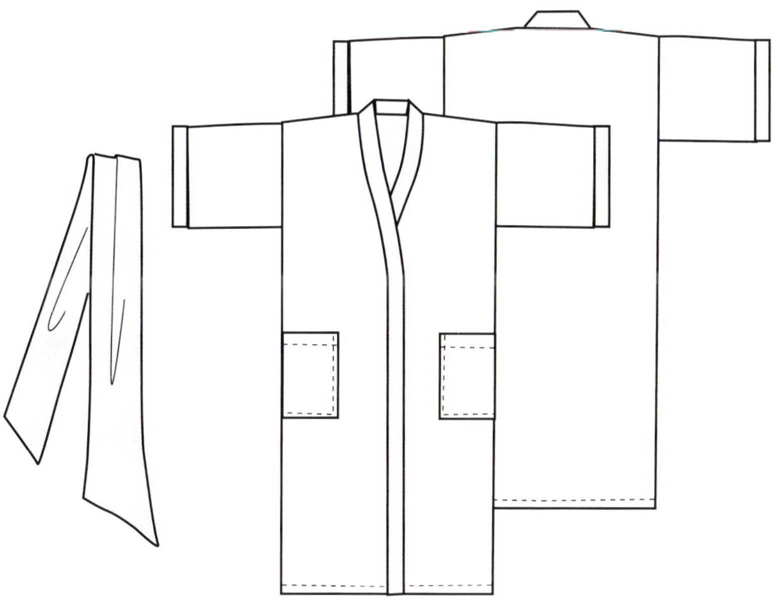

MATERIAL

- Reine Seide Chiffon, bedruckt (135 cm breit), 1,80/ 1,80/ 2,65/ 2,65 m
- Polyester Krepp rot (140 cm breit), 0,40 m
- Seidenchiffon schwarz (140 cm breit), 0,70 m
- Futter schwarz (140 cm breit), 1,80/ 1,80/ 2,65/ 2,65 m

Schnittteile 1 + 1a, 2 + 2a, 3 + 5 auf Bogen A in Schwarz

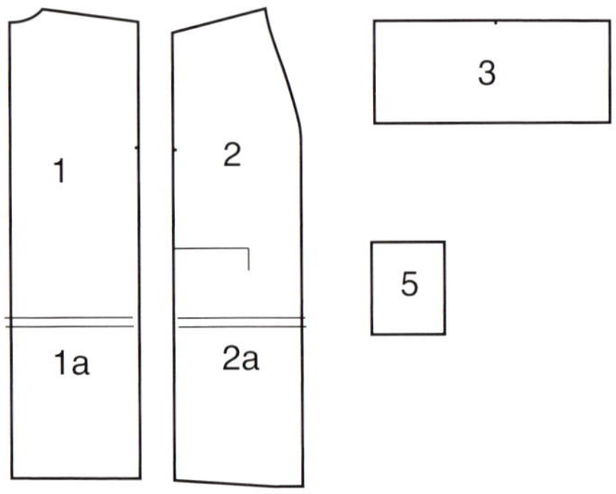

Größe: **S**

Größe: **M**

Größe: **L**

Größe: **XL**

Schnittvorbereitung

Die Schnittteile **1 + 1a,** sowie **2 + 2a** an den entsprechenden Zusammensetzlinien aneinanderkleben.

Zuschnitt

- **1** Rückenteil = 1 x Stoff, 1 x Futter
- **2** Vorderteil = 2 x Stoff, 2 x Futter
- **3** Ärmel = 2 x Stoff, 2 x Futter
- **5** Tasche = 2 x Stoff, 2 x Futter
- **a** Blende = 2 x rot uni, 123/ 124,5/ 126/ 127,5 cm lang, 8 cm breit (4 cm fertig)
- **b** Ärmelblende = 2 x Stoff rot uni, 57/ 58/ 59/ 60,5 cm lang, 8 cm breit (4 cm fertig)
- **c** Seidenschärpe = 2 x Stoff, 140 cm lang, 28 cm breit (14 cm fertig)

Die Teile mit 1 cm Nahtzugabe zuschneiden. Säume mit 3 cm Zugabe zuschneiden. Für den Besatz an der oberen Taschenkante 4,5 cm zugeben. Die Futtertasche nur bis zur oberen Taschenkante zuschneiden. Das Kimonofutter 1 cm kürzer zuschneiden. Das Ärmelfutter 1 cm länger zuschneiden.

Zuschneidepläne

Seide und Futter
Gr. S + M

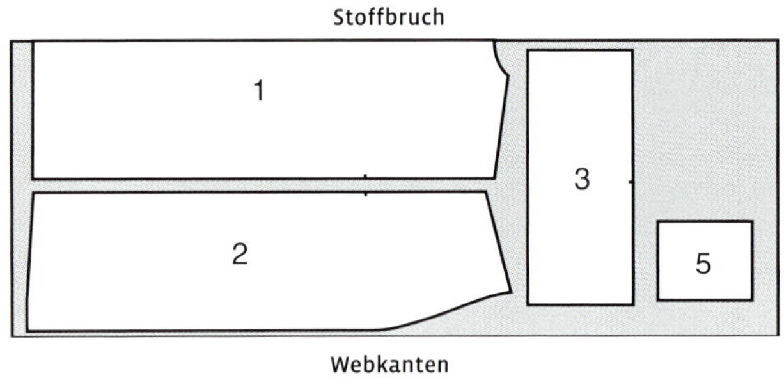

Seide und Futter
Gr. L + XL

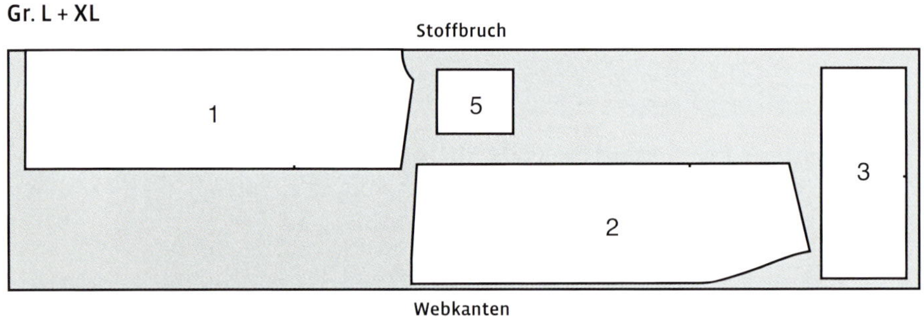

Polyester-Krepp rot
Gr. S - XL

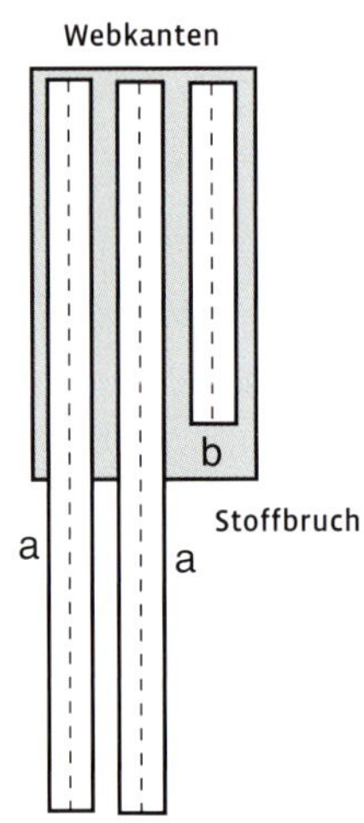

Seidenchiffon schwarz
Gr. S - XL

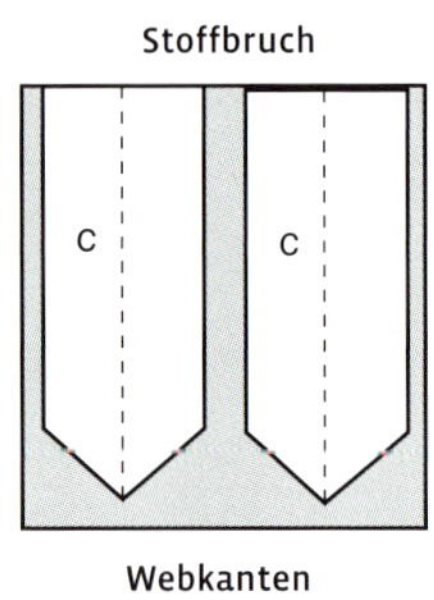

SO GEHT'S

1 **Taschen:** Das Taschenfutter links auf links auf die Tasche legen und dabei den angeschnittenen Besatz überstehen lassen. Den Taschenbesatz nach innen bügeln, Schnittkante 1 cm einschlagen und ansteppen. Dabei das Futter mitfassen. Die Tasche weiterverarbeiten, als wäre sie eine Stofflage. Die untere Taschenkante sowie an einer Tasche die rechte und an der anderen Tasche die linke Längskante 1 cm nach innen bügeln und die Taschen zeichengemäß auf die Vorderteile stecken. Taschen knappkantig aufsteppen.

2 **Schulternaht:** Vorder- und Rückenteil links auf links legen und die Schulternähte 0,5 cm steppen. Nahtkanten knapp verschneiden, Naht ausbügeln, Vorder- und Rückenteil jetzt rechts auf rechts legen, die Naht in den Nahtbruch legen und erneut 0,5 cm breit steppen. Das ist eine so genannte „Rechts-Links Naht". Nähte glatt bügeln. Vorder- und Rückenteil rechts auf rechts legen und nur bis zur Ärmeleinsatzmarkierung steppen. Nahtkanten zusammengefasst versäubern und nach hinten bügeln. Den Saum nach innen bügeln, Schnittkante 1 cm einschlagen und ansteppen.

3 Ärmel: Ärmel jeweils links auf links legen und die Nähte steppen, jedoch an der Ärmelansatznaht nur bis zur Nahtzugabe. Nahtzugaben hier einschneiden, dann weiterverarbeiten wie an der Schulternaht. Die Ärmel zeichengemäß rechts auf rechts in die Armausschnitte stecken, auch hier wieder nur bis zur Nahtzugabe steppen, die Nahtkanten zusammengefasst versäubern und zum Kimono bügeln.

4 Futter: Das Futter zusammensetzen und die Ärmel einsetzen. Den Saum zweimal 1 cm einschlagen und ansteppen. Das Futter bügeln und links auf links in den Seidenkimono legen. An der vorderen Kante, am Halsausschnitt und an den Ärmelsäumen aufeinanderstecken und mit einem Heftstich, oder einem großen Steppstich aufeinandersteppen.

5 Vordere Blende: Auf der Blende, von der rückwärtigen Mittelnaht aus, die Halsweite abmessen Gr. S = 8,5 cm, Gr. M = 9 cm, Gr. L = 9,5 cm, Gr. XL = 10 cm und so die Schulterpunkte markieren. Die rückwärtige Blendennaht rechts auf rechts steppen. Nahtkanten auseinanderbügeln und den Blendenstreifen längskantig auf halbe Breite bügeln. Die Blende am Saum an der Bruchkante rechts auf rechts umschlagen und für den Saum die kurze Kante 3 cm breit steppen. Die Naht wenden und bügeln. Die Blende zusammengefasst an die vordere Kante des Kimonos stecken. Dabei die Schulterpunkte beachten. Blende ansteppen und die Nahtkanten zusammengefasst versäubern. Nahtzugaben zum Kimono gerichtet bügeln.

6 Ärmelblenden: Blenden jeweils rechts auf rechts legen und die schmale Kante steppen. Nahtkanten auseinanderbügeln und die Blende links auf links auf halbe Breite bügeln. Blende zusammengefasst an die Ärmelkante steppen. Das Futter glatt in den Ärmel legen, am Saum 1 cm einschlagen, mit einer Stecknadel anstecken. Jetzt den Ärmel mit dem Futter durch den Kimonosaum nach außen ziehen. Nun das Futter an die Nahtkanten von Blende und Ärmel stecken und in der gleichen Naht ansteppen. Nahtkanten zusammengefasst versäubern, den Ärmel nach außen ziehen und die Nahtzugaben zum Ärmel gerichtet bügeln. Das Ärmelfutter glatt in den Ärmel legen und unter dem Ärmel an der Kreuznaht Futter und Oberstoff mit ein paar Handstichen verbinden.

7 Schärpe: Die Streifen rechts auf rechts zusammensetzen, Nahtkanten auseinanderbügeln und den Streifen längskantig rechts auf rechts auf halbe Breite legen. Die lange Kante steppen, dabei ein Stück der Naht (ca. 8-10 cm) zum Wenden offenlassen. An den kurzen Kanten 12 cm schräg abnähen. Die Nahtzugaben an Ecken schräg abschneiden und den Gürtel nach außen wenden. Das geht sehr gut mit dem Wende-Set von Prym. Die Ecken sauber herausdrücken und den Gürtel sorgfältig glattbügeln. Die Wendeöffnung mit der Hand zunähen.

Stylingtipp:

Die Schärpe kann man ganz lässig als Schal tragen!

Fein gepaspelt!

Modell 10 Klassischer Kimono mit gepaspelter Blende

Größe S/ M/ L/ XL | **Schwierigkeitsgrad** ✂✂✂ | **Kimonolänge** 116 – 119 cm

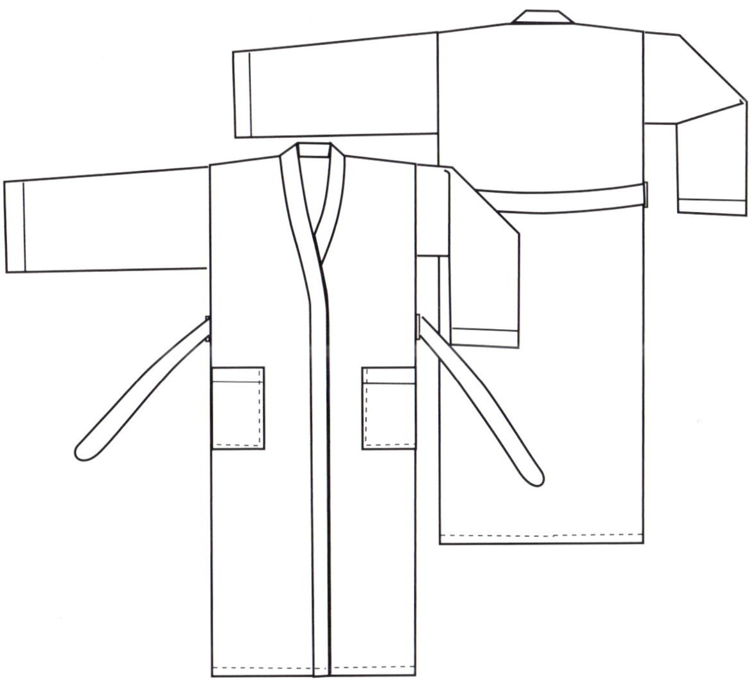

MATERIAL

- Satin-Viskose-Baumwollgemisch (134 cm breit), 2,65/ 2,70/ 3,15/ 3,15 m
- Baumwollpaspel in Rosa (0,5 cm breit), 8,00 m

Schnittteile **1 + 1a, 2 + 2a, 3 + 5** auf Bogen A in Schwarz

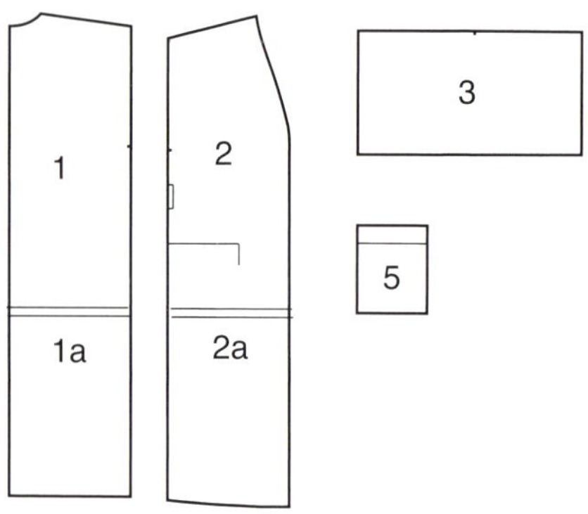

Größe: **S**

Größe: **M**

Größe: **L**

Größe: **XL**

Schnittvorbereitung

Die Schnittteile **1 + 1a,** sowie **2 + 2a** an den entsprechenden Zusammensetzlinien aneinanderkleben. Die Taschenblende vom Taschenschnitt abschneiden.

Zuschnitt

- **1** Rückenteil = 1 x Stoff
- **2** Vorderteil = 2 x Stoff
- **3** Ärmel = 2 x Stoff
- **5** Tasche = 2 x Stoff
- **5** Taschenblende = 2 x Stoff
- **a** Blende – 2 x Stoff, 132/ 133,5/ 135/ 136,5 cm lang, 8 cm breit (4 cm fertig)
- **b** Gürtelstreifen = 4 x Stoff, 85 cm lang, 5 cm breit, 3 cm schräg abschneiden
- **c** Gürtelschlaufe = 20 cm lang, 3 cm breit (incl. Nahtzugaben)
- **d** Ärmelblende = 2 x Stoff, 57/ 58/ 59/ 60,5 cm breit, 9 cm lang, (4,5 cm fertig)

Die Teile mit 1 cm Nahtzugabe zuschneiden, falls nicht anders angegeben. Säume mit 3 cm Zugabe zuschneiden.

Zuschneidepläne

Gr. S + M

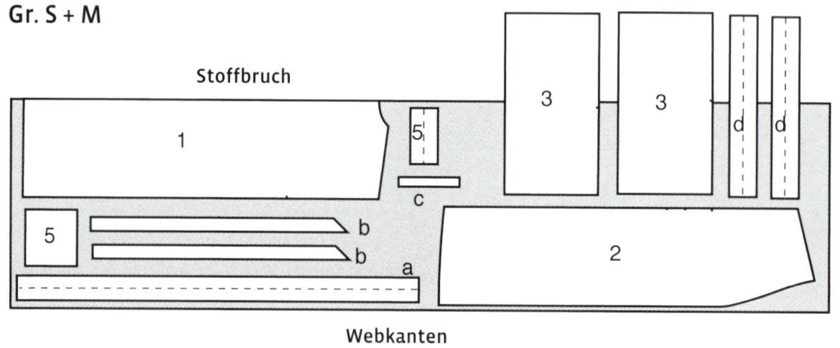

Gr. L + XL

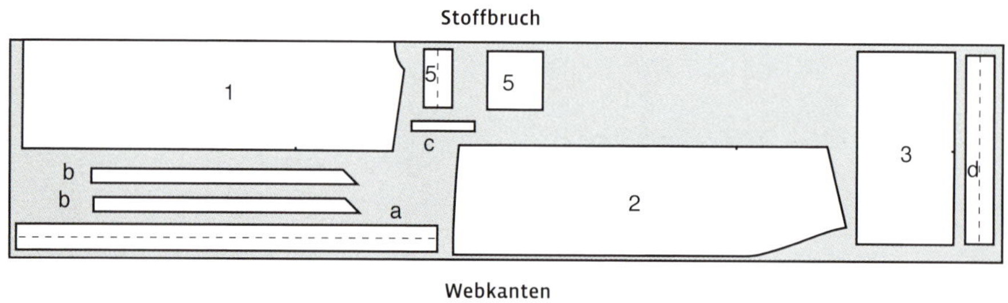

SO GEHT'S

1 **Taschen:** Das Paspelband in Blendenlänge zuzüglich je 1 cm Nahtzugabe abschneiden. Paspel jeweils an einer Längskante der Blende anlegen, sodass die Paspelwulst auf der Blende zum Liegen kommt. Paspel mit einem einseitigen Steppfuß knapp neben der Wulst ansteppen. Den Blendenstreifen, mit der Kante ohne Paspel, rechts auf links auf die obere Kante der Tasche legen und ansteppen. Blende nach außen legen und die obere Kante bei 4,5 cm umbügeln. Die Nahtzugaben von Paspel und Blende nach innen bügeln und die Blende nun direkt neben der Ansatznaht der Paspel knappkantig auf die Tasche steppen. Die untere Taschenkante sowie an einer Tasche die rechte und an der anderen Tasche die linke Längskante 1 cm nach innen bügeln und die Taschen zeichengemäß auf die Vorderteile stecken. Taschen knappkantig aufsteppen. Am Tascheneingriff an der vorderen Ecke zur Nahtverstärkung ein kleines Dreieck in Nahtzugabenbreite steppen.

2 **Schulter- und Seitennähte:** Die Nahtkanten der Vorderteile und des Rückenteils versäubern. Vorderteile rechts auf rechts auf das Rückenteil legen und die Schulternähte steppen. Die Seitennähte bis zur Ärmeleinsatzmarkierung steppen, dabei die Taschen mitfassen. Nahtkanten jeweils auseinanderbügeln.

3 Vordere Blende: Von der rückwärtigen Mittelnaht aus, auf der Blende, die Halsweite abmessen Gr. S = 8,5 cm, Gr. M = 9 cm, Gr. L = 9,5 cm, Gr. XL = 10 cm und so die Schulterpunkte markieren. Die rückwärtige Blendennaht rechts auf rechts steppen. Nahtkanten auseinanderbügeln. Die Paspel an die vordere Kante des Kimonos stecken, dabei die Paspelwulst in den Kimono gerichtet legen. Die Paspel wieder mit einem einseitigen Steppfuß entlang der Paspelwulst aufsteppen. Die Blende rechts auf rechts, offen an die vordere Kante steppen. Dabei die Schulterpunkte beachten. Die Nahtzugaben zur Blende gerichtet bügeln. Die Blende längskantig auf halbe Breite bügeln. Die offene lange Blendenkante versäubern, innen glatt auflegen und von außen anstecken. Die Blende am Saum nach außen umschlagen und den unteren Rand für den Saum 2 cm breit steppen. Die Naht wenden und bügeln. Den gesamten Kimonosaum nach innen bügeln, an der Blende einschlagen und den Saum ansteppen. Blende von rechts im Nahtschatten, das heißt knapp neben der Ansatznaht, ansteppen.

4 Ärmel: Die Ärmelblenden mit Paspeln wie bei Punkt 1 beschrieben an die unteren Ärmelkanten nähen. Die Längskanten der Ärmel inkl. Blende versäubern. Ärmel jeweils rechts auf rechts legen und die Ärmelnaht steppen. An der Ärmeleinsatzkante nicht ganz bis zum Ende durchsteppen, sondern nur bis zur Nahtzugabe steppen und hier verriegeln. Nahtkanten auseinanderbügeln. Die Ärmel zeichengemäß rechts auf rechts in die Armausschnitte stecken. Auch hier wieder nur bis zur Nahtzugabe steppen und die Nahtkanten auseinanderbügeln.

5 Gürtel: Jeweils zwei Gürtelstreifen rechts auf rechts zusammensetzen, Nahtkanten auseinanderbügeln. Die Paspel, wie bereits beschrieben, auf einen der beiden Gürtelstreifen stecken und aufsteppen, dabei an der Gürtelnaht beginnen. Achtung: An den Ecken die Nahtzugabe der Paspel vorsichtig einschneiden, so legt sie sich besser um die Ecke. Die Paspelenden übereinanderlegen. Beide Gürtelteile rechts auf rechts aufeinanderstecken und steppen. Dabei ein Stück Naht (ca. 8-10 cm) zum Wenden offen lassen. Nahtkanten knapp verschneiden und an den Ecken schräg abschneiden. Den Gürtel durch die Wendeöffnung nach außen ziehen. Das geht sehr gut mit dem Wende-Set von Prym. Den Gürtel sorgfältig glatt bügeln, dabei die Paspel gut herausziehen. Die Wendeöffnung mit der Hand zunähen.

6 Gürtelschlaufen: Den Streifen **c** längskantig rechts auf rechts auf halbe Breite legen und 1 cm breit steppen. An einem Ende quer steppen. Die Nahtzugaben knapp verschneiden und den Streifen nach außen wenden. Auch hier wieder das Wendewerkzeug nehmen. Den Streifen glatt bügeln und in zwei 9 cm lange Stücke schneiden. Wie am Schnitt markiert, die Gürtelschlaufen, jeweils an den Enden 1 cm breit eingeschlagen, aufsteppen. Den Gürtel durchziehen.

Warm eingepackt!

Modell 11 Klassischer Kimonomantel mit Nahttaschen

Größe S/ M/ L/ XL | **Schwierigkeitsgrad** ✂✂ | **Kimonolänge** 108 – 111 cm

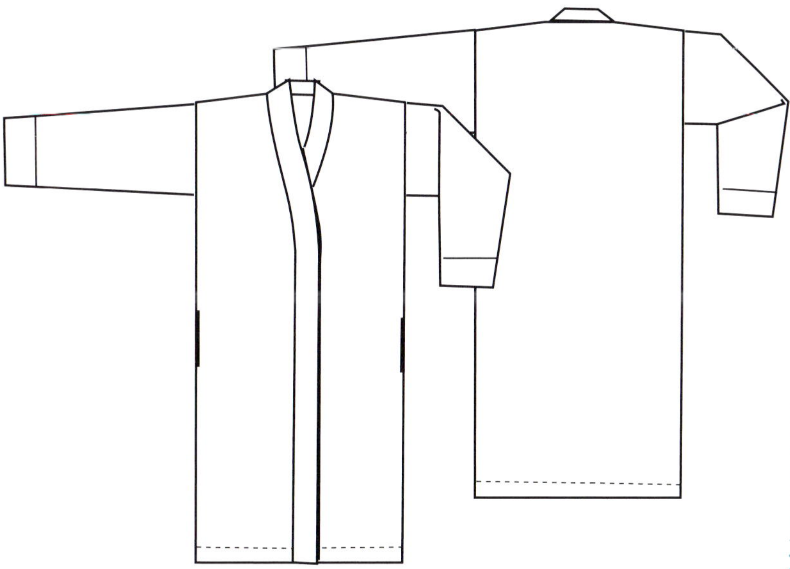

MATERIAL

- Polyester/Baumwollgemisch (140 cm breit), 2,15/ 2,15/ 2,75/ 2,75 m
- Futter für die Taschenbeutel, 80 x 30 cm

Schnittteile 10 + 10a, 11 + 11a, 12 - 14 auf Bogen C in Schwarz

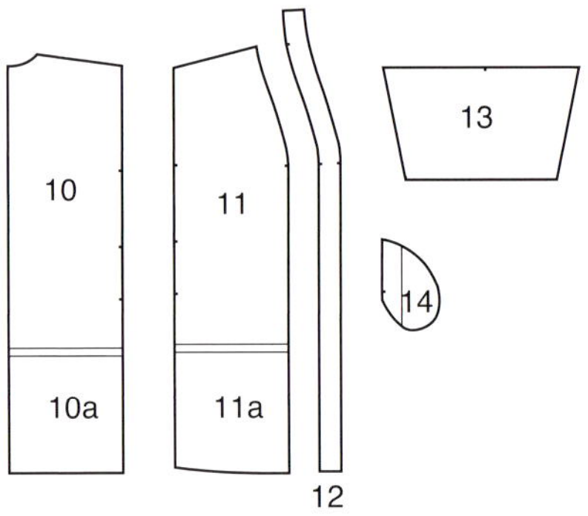

Größe: **S**
Größe: **M**
Größe: **L**
Größe: **XL**

Schnittvorbereitung

Die Schnittteile **10 + 10a,** sowie **11 + 11a** an den entsprechenden Zusammensetzlinien aneinanderkleben. Das Schnittteil **12** um 35 cm verlängern. Den Taschenbesatz vom Taschenbeutelschnitt ab kopieren.

Zuschnitt

- **10** Rückenteil = 1 x Stoff
- **11** Vorderteil = 2 x Stoff
- **12** Blende = 4 x Stoff quer zuschneiden, für Gr. L + XL zwei Blenden im Fadenlauf zuschneiden!
- **13** Ärmel = 2 x Stoff
- **14** Besatz für Taschenbeutel = 2 x Stoff
- **14** Taschenbeutel = 4 x Futter
- **a** Ärmelblende = 2 x Stoff, quer geschnitten, 40,5/ 41,5/ 42,75/ 44 cm lang, 12 cm breit (6 cm fertig)

Die Teile mit 1 cm Nahtzugabe, Säume mit 3,5 cm Zugabe zuschneiden.
Achtung: Die Blenden gegengleich zuschneiden! Für Gr. L + XL werden die Blenden, die mit dem Fadenlauf zugeschnitten sind, innen verarbeitet.

Zuschneidepläne

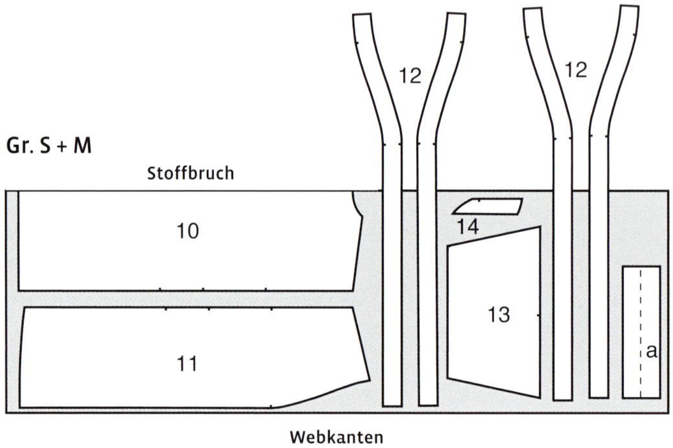

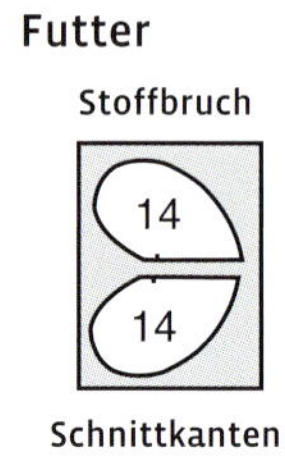

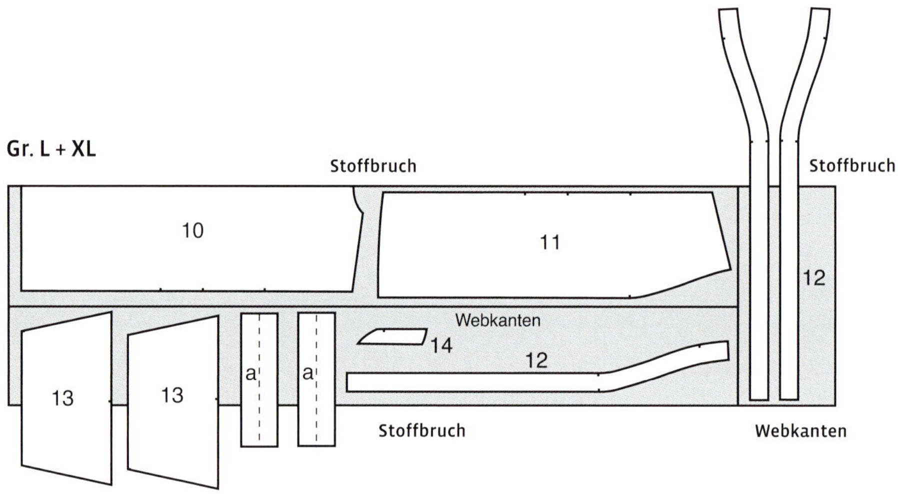

SO GEHT'S

1 **Versäubern:** Sämtliche Nahtkanten von Vorderteilen, Rückenteil und Ärmeln versäubern.

2 **Schulter- und Seitennähte:** Vorder- und Rückenteil rechts auf rechts legen und die Schulternähte steppen. Seitennähte nur bis zur Ärmeleinsatzmarkierung steppen und für die Tascheneingriffe, wie im Schnitt markiert, Schlitze offenlassen. Nahtkanten jeweils auseinanderbügeln.

3 **Taschen:** Die Taschenbeutelbesätze an den Kanten versäubern und jeweils auf einen entgegengesetzten Taschenbeutel steppen. Die Kanten der Beutel rundherum versäubern. Den Taschenbeutel mit dem Besatz rechts auf rechts an das Rückenteil steppen und den anderen Taschenbeutel ebenso an das Vorderteil, jeweils im Bereich des Tascheneingriffs nähen. Den vorderen Taschenbeutel nach vorn gerichtet legen und die Eingriffskante flach bügeln. Die Beutelteile aufeinandersteppen und glatt bügeln.

4 **Vordere Blende:** Jeweils zwei Blendenteile rechts auf rechts legen und die rückwärtige Mittelnaht steppen. Nahtkanten auseinanderbügeln, die Blenden rechts auf rechts legen und die äußere Kante steppen. Die Blenden aufklappen und auf der Kante dicht neben der Naht, die Nahtzugaben liegen darunter, steppen. Die Kante gut flachbügeln. Dabei die Blendenform beibehalten. Die Blende rechts auf rechts, offen an die vordere Kante steppen. Dabei die Schulterzeichen beachten. Die Nahtzugaben zur Blende gerichtet bügeln, den Kimonosaum nach innen bügeln. Die Blende am Saum ebenfalls einschlagen, die andere Blendenkante versäubern, innen glatt auflegen und von außen anstecken. Blende von rechts im Nahtschatten – das heißt knapp neben der Ansatznaht – ansteppen. Den Kimonosaum nach innen bügeln und ansteppen.

5 **Ärmel:** Die Nahkanten der Ärmel versäubern. Die Blenden jeweils mit einer langen Kante rechts auf rechts an die Ärmelsaumkanten steppen. Nahtzugaben zur Blende gerichtet bügeln. Die andere lange Blendenkante versäubern und die Ärmelnähte rechts auf rechts steppen, dabei fortlaufend die kurzen Kanten der Blenden mitsteppen. An der Ärmeleinsatznaht nicht ganz bis zum Ende durchsteppen, sondern nur bis zur Nahtzugabe steppen und hier verriegeln. Nahtkanten auseinanderbügeln. Die Blenden auf halbe Breite nach innen bügeln. Die Blende von rechts anstecken, den Ärmel auf links wenden und im Nahtschatten, dicht neben der Ansatznaht durchsteppen. Ärmel wieder nach außen wenden. Die Ärmel zeichengemäß rechts auf rechts in die Armausschnitte stecken. Auch hier wieder nur bis zur Nahtzugabe steppen und die Nahtkanten auseinanderbügeln.

Cool auf Zack!

Modell 12 Klassischer Kimono mit Blende

Größe S/ M/ L/ XL | **Schwierigkeitsgrad** ✂ | **Kimonolänge** 112 – 115 cm

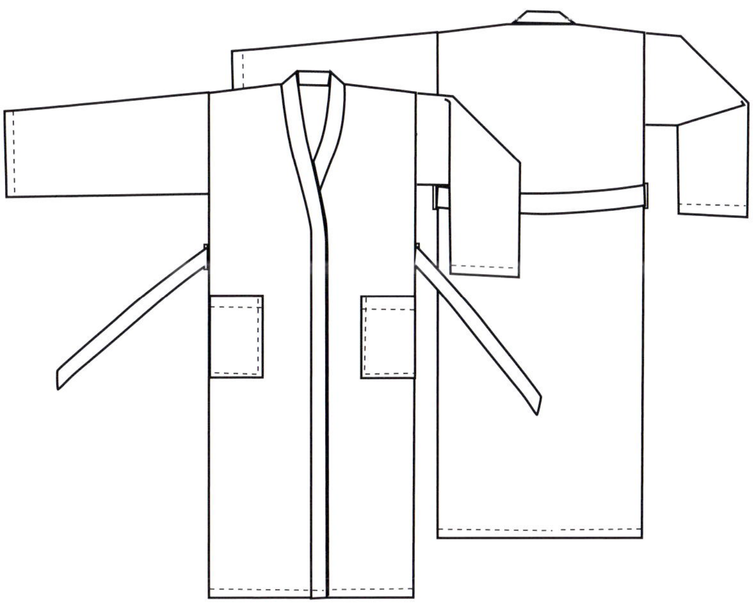

MATERIAL

- Viskose-Krepp (145 cm breit), 2,45/ 2,45/ 2,50/ 2,50 m

Schnittteile 1 + 1a, 2 + 2a, 4 + 5 auf Bogen A in Schwarz

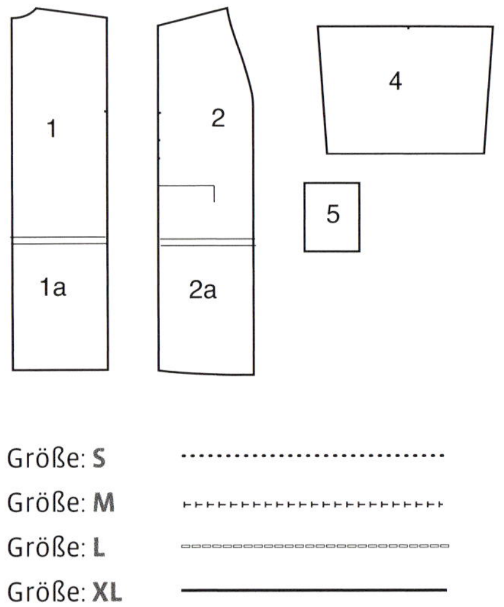

Zuschneideplan

Gr. S - XL

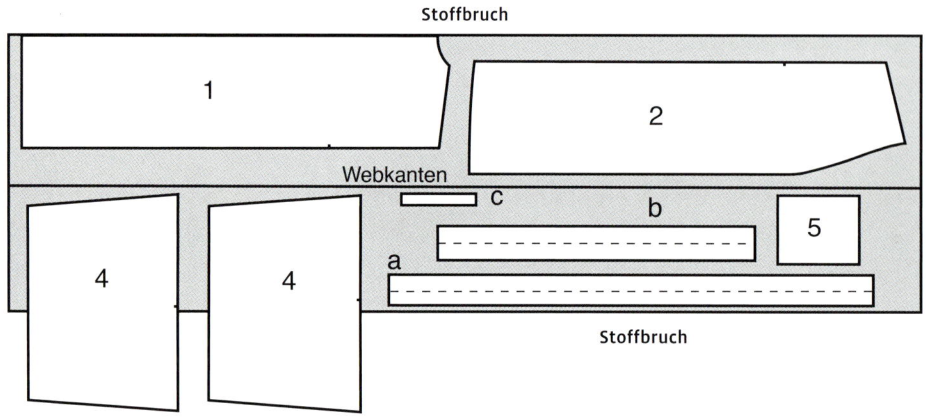

Schnittvorbereitung

Die Schnittteile **1 + 1a** sowie **2 + 2a** an den entsprechenden Zusammensetzlinien aneinanderkleben.

Zuschnitt

- **1** Rückenteil = 1 x Stoff
- **2** Vorderteil = 2 x Stoff
- **4** Ärmel = 2 x Stoff
- **5** Tasche = 2 x Stoff
- **a** Blende = 2 x Stoff, 127/ 128,5/ 130/ 131,5 cm, 8 cm breit (4 cm fertig)
- **b** Gürtelstreifen = 2 x Stoff, 85 cm lang, 9 cm breit (4,5 cm fertig)
- **c** Gürtelschlaufen = 1 x Stoff, 18 cm lang, 1 cm breit

Die Teile mit 1 cm Nahtzugabe zuschneiden, Säume mit 4 cm Zugabe zuschneiden. Für den Besatz an der oberen Taschenkante 3 cm zugeben.

SO GEHT'S

1 **Taschen:** Die angeschnittenen Taschenbesätze nach innen bügeln und die Schnittkante 1 cm einbügeln. Taschenbesatz ansteppen. Die untere Taschenkante sowie an einer Tasche die rechte und an der anderen Tasche die linke Längskante 1 cm nach innen bügeln und die Taschen zeichengemäß auf die Vorderteile stecken. Taschen knappkantig aufsteppen. Am Tascheneingriff an der vorderen Ecke zur Nahtverstärkung ein kleines Dreieck in Nahtzugabenbreite steppen.

2 **Schulter- und Seitennähte:** Die Seitenkanten von Vorder- und Rückenteil versäubern. Vorder- und Rückenteil rechts auf rechts legen und die Schulternähte steppen. Nahtkanten zusammengefasst versäubern und nach hinten gerichtet bügeln. Teile rechts auf rechts legen und die Seitennähte bis zur Ärmeleinsatzmarkierung steppen, dabei die Taschen mitfassen. Nahtkanten auseinanderbügeln.

3 **Vordere Blende:** Auf der Blende, von der rückwärtigen Mittelnaht aus, die Halsweite abmessen Gr. S = 8,5 cm, Gr. M = 9 cm, Gr. L = 9,5 cm, Gr. XL = 10 cm und so die Schulterpunkte markieren. Die rückwärtige Blendennaht rechts auf rechts steppen. Nahtkanten auseinanderbügeln und den Blendenstreifen längskantig auf halbe Breite bügeln. Die Blende am Saum an der Bruchkante rechts auf rechts umschlagen und für den Saum die kurze Kante 4 cm breit steppen. Die Naht wenden und bügeln. Die Blende zusammengefasst an die vordere Kante des Kimonos stecken. Dabei die Schulterpunkte beachten. Blende ansteppen und die Nahtkanten zusammengefasst versäubern. Nahtzugaben zum Kimono gerichtet bügeln. Den Kimonosaum nach innen bügeln. An der Blende den Kimonosaum um die Nahtzugaben der Blende herumlegen und anstecken. Die Saumschnittkante 1 cm einschlagen und ansteppen.

4 **Ärmel:** Die Nahkanten der Ärmel versäubern. Ärmel jeweils an den Längskanten rechts auf rechts legen und die Ärmelnaht steppen. An der Ärmeleinsatznaht nicht bis zum Ende durchsteppen, sondern nur bis zur Nahtzugabe steppen und hier verriegeln. Nahtkanten auseinanderbügeln. Den Saum nach innen bügeln, Schnittkante 1 cm einschlagen und ansteppen. Die Ärmel zeichengemäß rechts auf rechts in die Armausschnitte stecken. Auch hier wieder nur bis zur Nahtzugabe steppen und die Nahtkanten auseinanderbügeln.

5 **Gürtel:** Die Gürtelstreifen rechts auf rechts zusammensetzen, Nahtkanten auseinanderbügeln und den Streifen längskantig auf halbe Breite rechts auf rechts legen. Die langen Kanten 1 cm breit steppen, dabei ein Stück der Naht (ca. 8-10 cm) zum Wenden offen lassen. An den kurzen Kanten 3 cm schräg abnähen. Die Ecken der Nahtzugaben schräg abschneiden und den Gürtel nach außen wenden. Das geht sehr gut mit dem Wende-Set von Prym. Die Ecken gut herausdrücken und den Gürtel sorgfältig glattbügeln. Die Wendeöffnung mit der Hand zunähen.

6 **Gürtelschlaufen:** Den Streifen **c** längskantig rechts auf rechts auf halbe Breite legen und 1 cm breit steppen. An einem Ende quersteppen. Die Nahtzu-gaben knapp verschneiden und den Streifen nach außen wenden. Auch hier wieder das Wendewerkzeug nehmen. Den Streifen glatt bügeln und in zwei 8 cm lange Streifen schneiden. Wie am Schnitt markiert, die Gürtelschlaufen, jeweils an den Enden 1 cm breit eingeschlagen, aufsteppen. Den Gürtel durchziehen.

Sitzt perfekt!

Modell 13 Oberteil in Kimonoform mit angenähtem Slip

Größe S/ M/ L/ XL | **Schwierigkeitsgrad** ✂ | **Rückenlänge** 50 – 53 cm

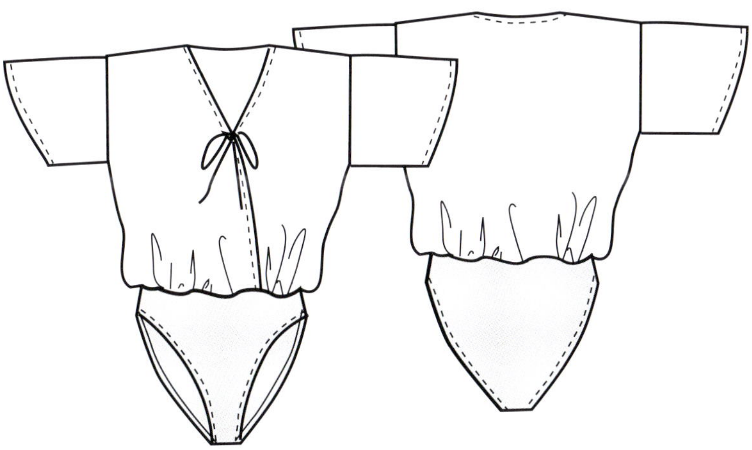

MATERIAL

- Polyesterchiffon-Stretch, bunt (140 cm breit), 0,90/ 0,95/ 1,20/ 1,25 m
- Stretch-Jersey, schwarz (140 cm breit), 0,35/ 0,35/ 0,40/ 0,40 m
- Baumwollstoff für den Zwickel, 15 x 15 cm
- Gummiband (1 cm breit) in Taillenweite

Schnittteile 5 - 9 auf Bogen C in Rot

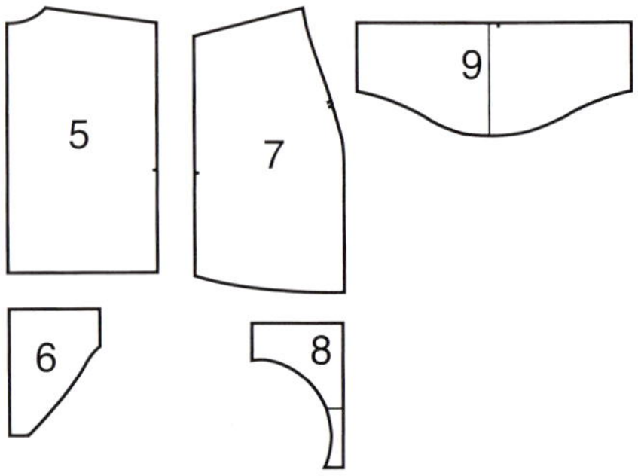

Größe: **S**

Größe: **M**

Größe: **L**

Größe: **XL**

Schnittvorbereitung

Das Schnittteil **8** an der vorderen Mittellinie spiegeln, sodass ein ganzes Teil entsteht. Den Zwickel an der angezeichneten Linie herauskopieren und ebenfalls spiegeln.

Zuschnitt

- **5** Rückenteil oben = 1 x Stoff
- **7** Vorderteil oben = 2 x Stoff
- **9** Ärmel = 2 x Stoff
- **6** rückw. Slipteil = 1 x Stoff uni schwarz
- **8** vord. Slipteil = 1 x Stoff uni schwarz
- **a** Schleifenband = 2 x Stoff, 43 cm lang, 1 cm breit
- **b** Zwickel = 1 x Baumwollstoff

Die Teile mit 1 cm Nahtzugabe zuschneiden.

Zuschneidepläne

Chiffon bunt
Gr. S + M

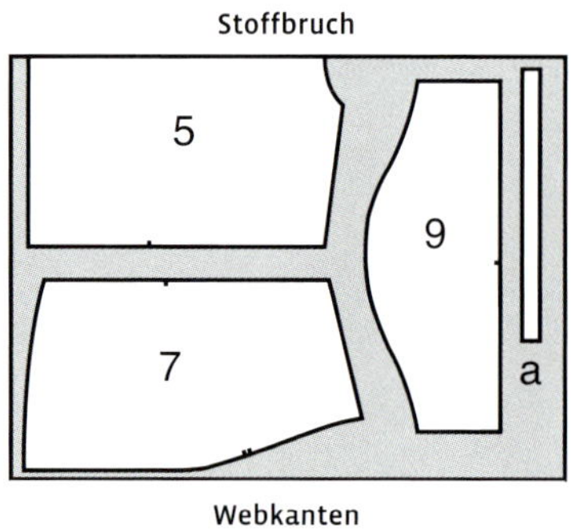

Chiffon bunt
Gr. L + XL

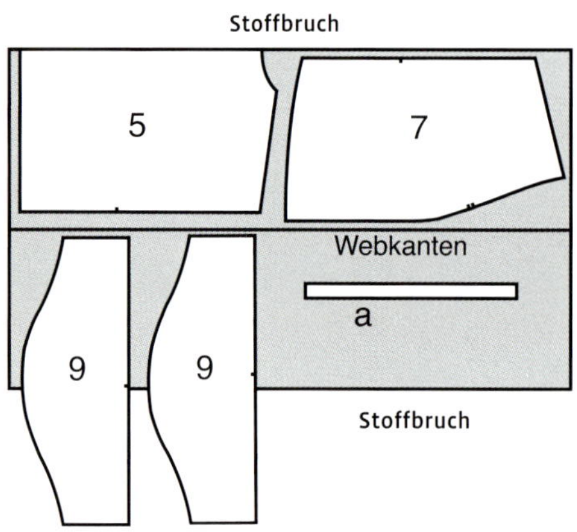

Baumwollstoff
Gr. S - XL

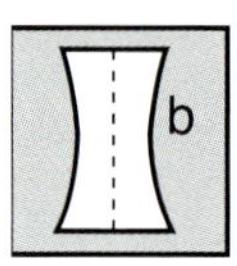

Stretch-Jersey
Gr. S - XL

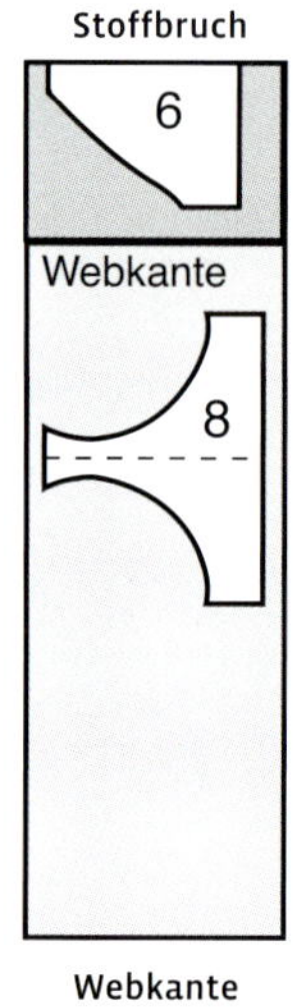

SO GEHT'S

1 **Vorder- und Rückenteil** links auf links legen und die Schulternähte bei 0,5 cm steppen. Nahtkanten knapp verschneiden, Naht ausbügeln, Vorder- und Rückenteil jetzt rechts auf rechts legen, die Naht in den Nahtbruch legen und erneut 0,5 cm breit steppen. Das ist eine sogenannte „Rechts-Links Naht“. Nähte glatt bügeln. Seitennahtkanten von Vorder- und Rückteil versäubern. Die Seitennähte rechts auf rechts, nur bis zur Ärmeleinsatzmarkierung, steppen und die Nahtkanten auseinanderbügeln.

2 **Vordere Kante:** Den Halsausschnitt und die vorderen Kanten 1 cm nach innen bügeln und feststeppen. Die Vorderteile 10 cm übereinanderlegen und am unteren Rand die doppelt liegenden Kanten innerhalb der Nahtzugabe heften. Die Streifen für die Schleife jeweils längskantig rechts auf rechts auf halbe Breite legen und 1 cm breit steppen. An einer Schmalseite quer steppen. Band nach außen ziehen. **Tipp:** Dafür das Wende-Set von Prym nehmen. Die fertigen Bänder flach bügeln. Wie im Schnitt markiert, die Bänder an jeder Seite des Halsausschnittes eingeschlagen untersteppen.

3 **Slip:** Den Zwickel an der vorderen Kante versäubern, rechts auf links auf das Rückenteil stecken und die Nahtkanten aufeinandersteppen. Das Vorderteil rechts auf rechts legen und die Naht steppen. Die Nahtzugaben zum Vorderteil bügeln. Den Zwickel glatt auf das Vorderteil stecken und an den Seiten innerhalb der Nahtzugabe aufsteppen. Das Gummiband für den Beinausschnitt etwas gedehnt innen an den Beinausschnitt, Kante an Kante legen und mit einem großen Zickzackstich gedehnt ansteppen. Die Seitennähte rechts auf rechts steppen, Nahtkanten auseinanderlegen und die Kante vom Beinausschnitt entlang des Gummibandes nach innen schlagen und wieder gedehnt mit einem großen Zickzackstich ansteppen. Das Kimono-Oberteil an der unteren Kante rundum mit einem großen Stich, 1 cm von der Kante entfernt, steppen. Daneben im Abstand von 0,5 cm auf der Nahtzugabe noch einmal steppen. Dann an beiden Unterfäden gleichzeitig leicht ziehen und so das Oberteil auf die Taillenweite des Slips einkräuseln. Oberteil und Slip an den Taillenkanten rechts auf rechts legen und steppen. Das Gummiband am Körper ausmessen, zu einem Rund zusammensetzen und innen, gedehnt an die Nahtzugabe der Taillennaht steppen.

4 **Ärmel: Achtung:** Hier ist die runde Kante der Saum! Die Längskanten der Ärmel jeweils rechts auf rechts legen und die Nähte steppen. An der Ärmeleinsatznaht nicht ganz durchsteppen, sondern nur bis zur Nahtzugabe steppen und hier verriegeln. Nahtkanten auseinanderbügeln. Den Ärmelsaum nach innen bügeln und ansteppen. Die Ärmel zeichengemäß rechts auf rechts in die Armausschnitte stecken. Auch hier wieder nur bis zur Nahtzugabe steppen und die Nahtkanten zum Hauptteil gerichtet bügeln.

Wellness ganz für mich!

Modell 14 Kimono mit Schalkragen und Paspel

Größe S/ M/ L/ XL | **Schwierigkeitsgrad** ✂✂✂ | **Kimonolänge** 132 – 135 cm

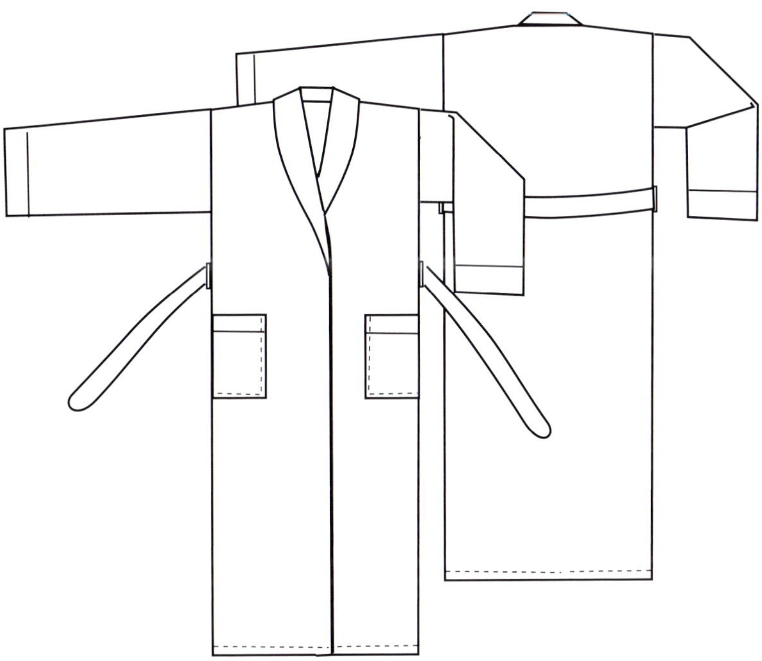

MATERIAL

- Baumwoll-Piqué (148 cm breit), 3,15/ 3,20/ 3,25/ 3,55 m
- Baumwollpaspel in Weiß (0,5 cm breit), 8,50 m
- Satinschrägband (2 cm breit), 0,30 m

Schnittteile 1 + 1a, 2 + 2a, 3 + 3a, 4 - 6 auf Bogen D in Schwarz

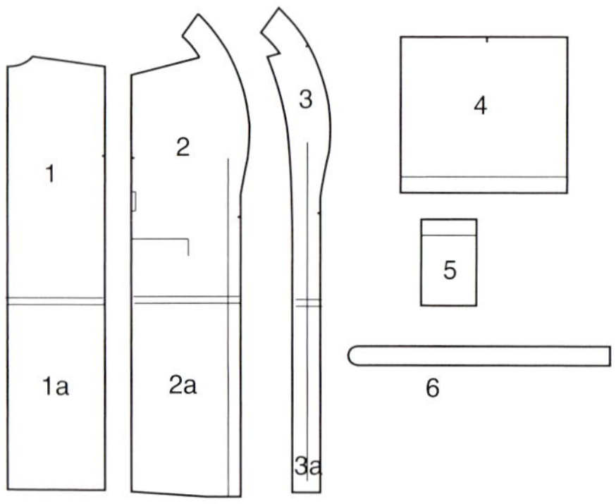

Größe: **S**

Größe: **M**

Größe: **L**

Größe: **XL**

Zuschneidepläne

Gr. S - L

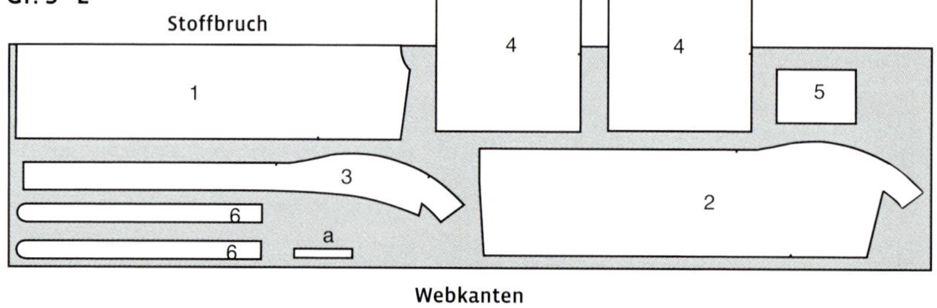

Gr. XL

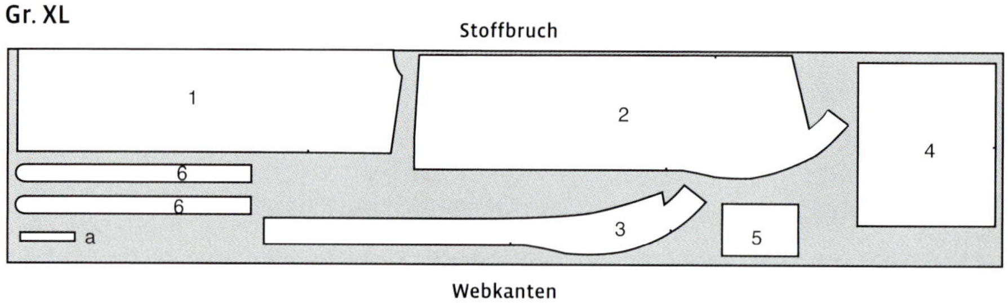

Schnittvorbereitung

Die Schnittteile **1 + 1a, 2 + 2a** sowie **3 + 3a** an den entsprechenden Zusammensetzlinien aneinanderkleben.

Zuschnitt

- **1** Rückenteil = 1 x Stoff
- **2** Vorderteil = 2 x Stoff
- **3** Besatz = 2 x Stoff
- **4** Ärmel = 2 x Stoff
- **5** Tasche = 2 x Stoff
- **6** Gürtelstreifen = 4 x Stoff
- **a** Gürtelschlaufen = 1 x Stoff, 18 cm lang, 1 cm breit

Die Teile mit 1 cm Nahtzugabe zuschneiden, Säume mit 3,5 cm Zugabe zuschneiden. Für den Besatz an der oberen Taschenkante 4,5 cm zugeben.

SO GEHT'S

1 **Taschen:** Für die Taschen vom Paspelband zweimal 20 cm abschneiden. Paspel jeweils an eine Kante (hier obere Kante), links auf links anlegen, sodass die Paspelwulst auf der Tasche zum Liegen kommt. **Achtung,** das geht so nur, wenn die linke Stoffseite genauso aussieht, wie die Stoffoberseite. Wenn nicht, dann eine Blende zuschneiden, siehe Beschreibung auf Seite 62. Die Nahtzugabe nach innen bügeln, sodass die Paspel übersteht. Paspel mit einem einseitigen Steppfuß knapp neben der Wulst ansteppen. Die obere Taschenkante 4,5 cm nach außen bügeln und knapp-kantig neben der Paspel aufsteppen. Die untere Taschenkante sowie an einer Tasche die rechte und an der anderen Tasche die linke Längskante 1 cm nach innen bügeln und die Taschen zeichengemäß auf die Vorderteile stecken. Taschen knappkantig aufsteppen. Am Tascheneingriff an der vorderen Ecke zur Nahtverstärkung ein kleines Dreieck in Nahtzugabenbreite steppen.

2 **Schulter- und Seitennähte:** Die Nahtkanten der Vorderteile und des Rückenteils versäubern, Vorderteile rechts auf rechts auf das Rückenteil legen und die Schulternähte steppen. Die Seitennähte bis zur Ärmeleinsatzmarkierung steppen, dabei die Taschen mitfassen. Nahtkanten jeweils auseinanderbügeln.

3 **Schalkragen und vordere Kante:** Die rückwärtige Naht am Kragen und am Besatz jeweils rechts auf rechts steppen. Nahtkanten auseinanderbügeln. Den rückwärtigen Kragen rechts auf rechts an den Halsausschnitt steppen. An den Ecken die Nahtzugaben bis zur Naht einschneiden und die Nahtzugaben zum Kragen gerichtet bügeln. An den Besätzen die inneren Kanten versäubern. Am Halsausschnitt und an den Schultern des Besatzes die Kanten durchgehend mit dem Schrägband einfassen, dabei an den Ecken im Schrägband kleine Falten einlegen. Paspel auf die vordere Kante des Mantels stecken (incl. Saum) dabei die Paspelwulst zum Mantel gerichtet legen. Paspel wieder mit einem einseitigen Steppfuß entlang der Paspelwulst aufsteppen. Den Besatz rechts auf rechts aufstecken und in derselben Naht steppen. Die Nahtzugaben etwas verschneiden und den Besatz nach innen wenden. Paspel gut herausziehen und die Kante sorgfältig bügeln. Den Mantelsaum nach innen bügeln und den Besatz einschlagen. Die Kante knapp neben der Paspel, durch sämtliche Stofflagen absteppen. Am rückwärtigen Halsausschnitt den Kragen anstecken und neben dem Schrägstreifen ansteppen. Die Schulternaht mit feststeppen. Den Kragen nach außen umschlagen, den Besatz innen mit Quernadeln feststecken und wie im Schnitt eingezeichnet ansteppen. Den Saum 1 cm einschlagen und ansteppen.

4 **Ärmel:** Die Nahtkanten der Ärmel versäubern. Ärmel jeweils an den Längskanten rechts auf rechts legen und die Nähte steppen. An der Ärmeleinsatzkante nicht ganz bis zum Ende durchsteppen, sondern nur bis zur Nahtzugabe steppen und hier verriegeln. Nahtkanten auseinanderbügeln. Paspel links auf links auf die untere Ärmelkante steppen, die Paspelwulst liegt auf dem Ärmel. An der Ärmelnaht die Paspel etwas übereinanderlegen. Ärmelsaum 5 cm nach außen bügeln, die Nahtzugabe nach innen bügeln und knappkantig neben der Paspel feststeppen. Die Ärmel zeichengemäß rechts auf rechts in die Armausschnitte stecken. Auch hier wieder nur bis zur Nahtzugabe steppen und die Nahtkanten zum Mantel gerichtet bügeln.

5 **Gürtel:** Die Gürtelstreifen jeweils rechts auf rechts zusammensetzen, Nahtkanten auseinanderbügeln und die Paspel auf einen der beiden Gürtelstreifen stecken. Paspel, wie bereits beschrieben aufsteppen. **Achtung:** An den Rundungen der Gürtelenden die Paspel etwas locker in der Rundung aufsteppen. Beide Gürtelteile rechts auf rechts aufeinanderstecken und steppen. Dabei ein Stück Naht (ca. 8-10 cm) zum Wenden offen lassen. Nahtkanten an den Rundungen knapp verscheiden und den Gürtel durch die Wendeöffnung nach außen ziehen. Das geht sehr gut mit dem Wende-Set von Prym. Den Gürtel sorgfältig glattbügeln, dabei die Paspel gut herausziehen. Die Wendeöffnung mit der Hand zunähen. Den Gürtel nun wieder knapp neben der Paspel absteppen.

6 **Gürtelschlaufen:** Den Streifen **c** längskantig rechts auf rechts auf halbe Breite legen und 1 cm breit steppen. An einem Ende quer steppen. Die Nahtzugaben knapp verschneiden und den Streifen nach außen wenden. Auch hier wieder das Wendewerkzeug nehmen. Den Streifen glatt bügeln und in zwei 9 cm lange Stücke schneiden. Wie am Schnitt markiert die Gürtelschlaufen, jeweils an den Enden 1 cm breit eingeschlagen, aufsteppen. Den Gürtel durchziehen.

Das Baby kommt bald!

Modell 15 Klassischer Kimono mit Bauch-Mehrweite

Größe S/ M/ L/ XL | **Schwierigkeitsgrad** ✂ | **Kimonolänge** 110,75 – 113,75 cm

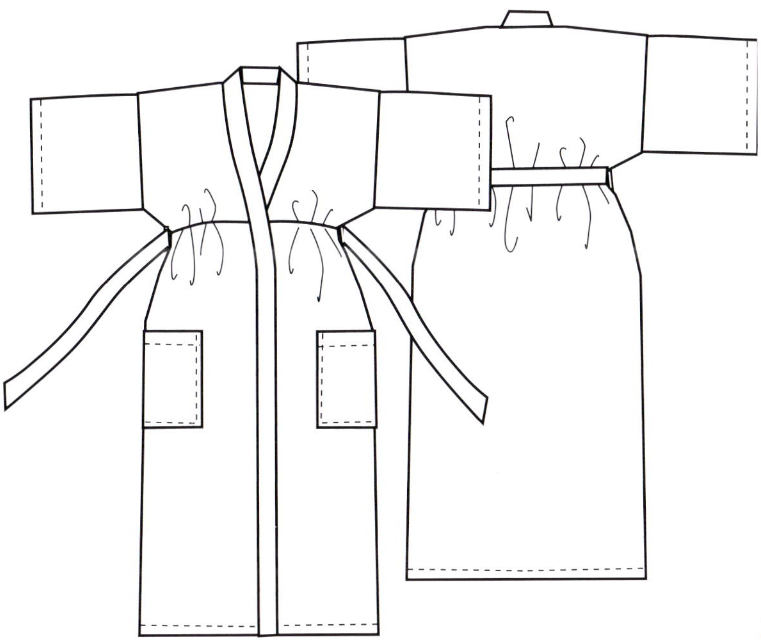

MATERIAL

- Jersey-Stretch (150 cm breit), 2,40/ 2,40/ 2,45/ 2,75 m
- aufbügelbare Gewebeeinlage, 50 x 5 cm
- weiches Gummiband 2 cm breit, Länge leicht gedehnt am Körper abmessen, abzüglich 10 cm

Schnittteile 6 + 6a, 7 - 10 auf Bogen A in Rot

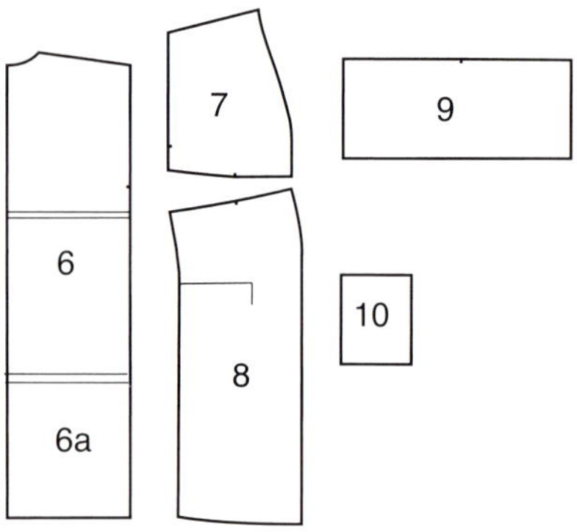

Größe: **S**

Größe: **M**

Größe: **L**

Größe: **XL**

Schnittvorbereitung

Die Schnittteile **6 + 6a** an den entsprechenden Zusammensetzlinien aneinanderkleben.

Zuschnitt

- **6** Rückenteil = 1 x Stoff
- **7** Vorderteil oben = 2 x Stoff
- **8** Vorderteil unten = 2 x Stoff
- **9** Ärmel = 2 x Stoff
- **10** Tasche = 2 x Stoff
- **a** Blende = 2 x Stoff, 133/ 134,5/ 136/ 137,5 cm lang, 8 cm breit (4 cm fertig)
- **b** Gürtelstreifen = 1 x Stoff, 124 cm lang, 8 cm breit (4 cm fertig)

Die Teile mit 1 cm Nahtzugabe zuschneiden. Säume mit 2,5 cm Zugabe zuschneiden. Für den Besatz an der oberen Taschenkante 3 cm zugeben. **Achtung:** Die vorderen Oberteile und die Ärmel für Gr. XL gegengleich zuschneiden!

Zuschneidepläne

Gr. S - L

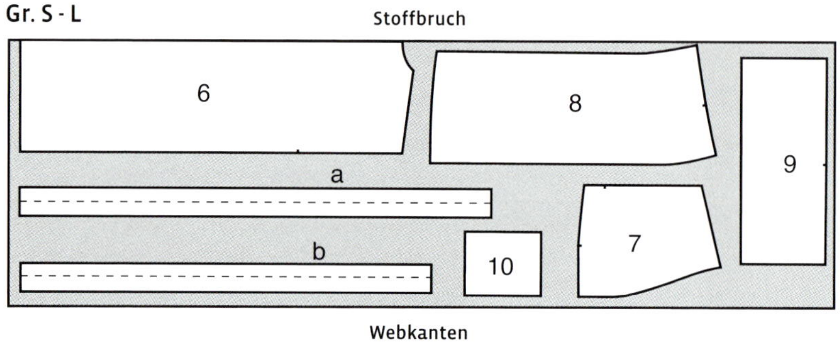

Gr. XL

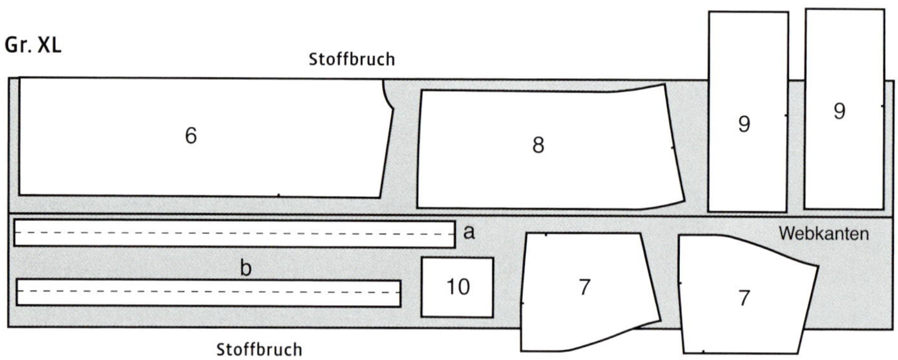

SO GEHT'S

Wichtig! Jerseystoff immer mit einer Jerseynadel steppen!

1 **Taschen:** Auf die angeschnittenen Taschenbesätze einen Streifen Einlage bügeln, sodass die Kante sich nicht ausdehnen kann. Dann den Besatz nach innen bügeln, die Schnittkante 1 cm einbügeln und ansteppen. Die untere Taschenkante sowie an einer Tasche die rechte und an der anderen Tasche die linke Längskante 1 cm nach innen bügeln und die Taschen zeichengemäß auf die Vorderteile stecken. Taschen knappkantig aufsteppen. Am Tascheneingriff an der vorderen Ecke zur Nahtverstärkung ein kleines Dreieck in Nahtzugabenbreite steppen.

2 **Vorder- und Rückenteile:** An den vorderen Oberteil sowie an den vorderen Rockteilen die Taillenkante versäubern. Vordere Oberteile jeweils rechts auf rechts an die vorderen Unterteile steppen. Nahtkanten auseinanderbügeln. Die Nahtkanten von Vorder- und Rückenteilen versäubern. Vorder- und Rückenteil rechts auf rechts legen und die Schulternähte steppen. Seitennähte nur bis zur Ärmeleinsatzmarkierung steppen, dabei die Taschen mitfassen. Nahtkanten auseinanderbügeln. Den Saum nach innen bügeln und mit der Zwillingsnadel ansteppen.

3 **Vordere Blende:** Von der rückwärtigen Mittelnaht aus, auf der Blende, die Halsweite abmessen Gr. S = 8,5 cm, Gr. M = 9 cm, Gr. L = 9,5 cm, Gr. XL = 10 cm und so die Schulterpunkte markieren. Die rückwärtige Blendennaht rechts auf rechts steppen. Nahtkanten auseinanderbügeln und den Blendenstreifen längskantig links auf links auf halbe Breite bügeln. Die Blende am Saum an der Bruchkante rechts auf rechts umschlagen und für den Saum die kurze Kante 2,5 cm breit steppen. Die Naht wenden und bügeln. Die Blende zusammengefasst an die vordere Kante des Kimonos stecken. Dabei die Schulterpunkte beachten. Blende ansteppen und die Nahtkanten zusammengefasst versäubern. Nahtzugaben zum Kimono gerichtet bügeln.

4 **Ärmel:** Die Nahkanten der Ärmel versäubern. Ärmel jeweils an den Längskanten rechts auf rechts legen und die Nähte steppen. An der Ärmeleinsatznaht nicht ganz bis zum Ende durchsteppen, sondern nur bis zur Nahtzugabe steppen und hier verriegeln. Nahtkanten auseinanderbügeln. Den Saum nach innen bügeln und mit der Zwillingsnadel ansteppen. Die Ärmel zeichengemäß rechts auf rechts in die Armausschnitte stecken. Auch hier wieder nur bis zur Nahtzugabe steppen und die Nahtkanten Kimono gerichtet bügeln.

5 **Gummiband:** Am Rückenteil, wie im Schnitt eingezeichnet, die erhöhte Taillenlinie durchheften und die rückwärtige Mitte markieren. Die Vorderteile 10 cm übereinanderlegen und aufeinandersteppen. Das Gummiband zur Hälfte legen und am Bruch eine Markierung heften. Das ist die rückwärtige Mitte. Gummiband auf die Teilungsnaht stecken. Beginnend am Vorderteil jeweils im Bereich der Blende, dann die rückwärtige Mitte feststecken. Das Gummiband dehnen und die Weite des Kimonos gleichmäßig verteilen. Entweder alles mit Stecknadeln feststecken, oder heften. Das Gummiband nun mit einem großen Steppstich an beiden Kanten ansteppen, dabei immer gedehnt halten.

6 **Gürtel:** Die Gürtelstreifen rechts auf rechts zusammensetzen, Nahtkanten auseinanderbügeln und den Streifen längskantig rechts auf rechts auf halbe Breite legen. Die lange Kante steppen, dabei ein Stück der Naht (ca. 8-10 cm) zum Wenden offen lassen. An den kurzen Kanten 3 cm schräg abnähen. Die Nahtzugaben an den Ecken schräg abschneiden und den Gürtel nach außen wenden. Das geht sehr gut mit dem Wende-Set von Prym. Die Ecken gut herausdrücken und den Gürtel sorgfältig glatt bügeln. Die Wendeöffnung mit der Hand zunähen.

Style-Guide

1 Kimono – 4 kreative Styles

Im Urlaub darf es gern locker und luftig sein. Kombiniert mit einem kurzen schlichten Top und einer bequemen Shorts oder einem Rock wird der Kimono hier zum perfekten Urlaubs-Begleiter.

Ein paar Sandalen oder Flipflops, große Creolen und eine coole Sonnenbrille machen das sommerliche Outfit komplett.

Sommerlich im Urlaub

Stylisch im Job

Wer sagt, dass ein schickes Büro-Outfit gleich spießig sein muss? Ein Kimono macht auch den Büro-Style zu einem Hingucker: Kombiniert mit einem hochgeschlossenen Top und einer farblich passenden Hose ist Frau auch in der Berufswelt perfekt gekleidet.

Accessoires wie eine edle Statement-Kette und eine hochwertige Tasche bringen das gewisse Extra.

Der Kimono kann auch rockig! Ob auf einem coolen Festival oder einem Konzert, auch hier ist der Kimono der perfekte Begleiter. Gemeinsam mit einer lässigen Denim-Shorts und einem coolen Top macht dieses Kimono-Outfit alles mit.

Und weil es auf Festivals und Konzerten schon mal wild hergehen kann, sind ein paar bequeme Boots hier die richtige Wahl. Mit ihnen sind durchtanzte Nächte kein Problem!

Lässig auf Festivals

Bequem beim Shoppen

Eine gemütliche Jeans, ein lässiges Shirt, ein paar bequeme Schuhe und ein Kimono – fertig ist das perfekte casual Outfit für Shopping-Trips oder Treffen mit Freunden.

Kombiniert mit schlichtem Schmuck und einer kleinen Tasche (die großen, vollen Shopping-Tüten kommen ja von allein dazu) ist dieses Outfit ein echter Hingucker.

Impressum

Verantwortlich: Xenia Kuczera
Fotografie: Florian Bilger Fotodesign
Modell-Skizzen, Schnittmusterbogen & technische Zeichnungen: Mia Führer
Lektorat: A. Reuß
Covergestaltung: Guter Punkt, München
Repro: Ludwig:media, Zell am See
Satz: Sabine Vonderstein
Herstellung: Bettina Schippel, Stephanie Schlemmer
Printed in Italy by Printer Trento

★ ★ ★ ★ ★

Sind Sie mit diesem Titel zufrieden? Dann würden wir uns über Ihre Weiterempfehlung freuen. Erzählen Sie es im Freundeskreis, berichten Sie Ihrem Buchhändler oder bewerten Sie bei Onlinekauf. Und wenn Sie Kritik, Korrekturen, Aktualisierungen haben, freuen wir uns über Ihre Nachricht an:

Christian Verlag, Postfach 40 02 09,
D-80702 München oder per E-Mail an
lektorat@verlagshaus.de.

Unser komplettes Programm finden Sie unter
www.christophorus-verlag.de

Hersteller

Dank: Mia Führer und der Verlag danken den Firmen Buttinette, Gütermann, Stoffe Brünink & Hemmers und Prym für die freundliche Unterstützung mit Stoffen, Kurzwaren und Nähzubehör!

Herstellerverzeichnis:

- Buttinette Textil-Versandhaus GmbH, buttinette.de
- Gütermann GmbH, guetermann.com
- Stoffe Brünink & Hemmers GmbH, stoffe-hemmers.de
- Prym Consumer Europe GmbH, prym.com

Die Deutsche Nationalbibliothek verzeichnet diese Publikation in der Deutschen Nationalbibliografie; detaillierte bibliografische Daten sind im Internet über http://dnb.d-nb.de abrufbar.

ISBN 978-3-8410-6549-0

Kreativ-Service

Sie haben Fragen zu den Büchern und Materialien? Frau Erika Noll ist für Sie da und berät Sie rund um alle Kreativthemen. Rufen Sie an! Wir interessieren uns auch für Ihre eigenen Ideen und Anregungen. Sie erreichen Frau Noll per E-Mail: **mail@kreativ-service.info** oder Tel.: **+49 (0) 5052 / 91 18 58**

Besuchen Sie uns im Internet: www.christophorus-verlag.de

Ebenfalls erhältlich ...

ISBN: 978-3-8410-6474-5

ISBN: 978-3-8410-6442-4

ISBN: 978-3-8410-6506-3

ISBN: 978-3-8410-6391-5

www.christophorus-verlag.de